互联网+高等教育精品课程

"十三五"规划教材（财经类）

TONGJI JISHU

统计技术

王宏艳　王　超　屈　展　主编

西安交通大学出版社
XI'AN JIAOTONG UNIVERSITY PRESS

内容简介

本书根据高等职业教育技术技能人才培养目标和统计基础课程的性质特点，以能够满足基础统计和后续专业课学习的要求为度，在目前的统计学教材基础上做了适当的删减，通过最新的、实践性强的资料，生动活泼地阐释了晦涩艰深的统计学原理，增强了本书的趣味性；并借助于 Excel 的表格工具，化繁为简，增强了本书的时代性。本书在内容上分为四编：统计调查、统计整理、国民经济中常用具体指标介绍及统计分析。四编由八个单元组成，每一单元包含知识目标、能力目标、单元描述、任务布置、知识准备、任务实施、单元小结、复习思考题等模块，每个学习单元均遵循学生的认知规律和统计工作流程。每个单元又划分为若干个任务，以任务为导向，激发学生的学习动机，使学生的学习目标更加清晰、明确。

图书在版编目（CIP）数据

统计技术 / 王宏艳,王超,屈展主编. — 西安 ：
西安交通大学出版社，2017.8(2018.8 重印)
ISBN 978-7-5605-6926-0

Ⅰ.①统⋯　Ⅱ.①王⋯②王⋯③屈⋯　Ⅲ.①统计学
Ⅳ.①C8

中国版本图书馆 CIP 数据核字(2017)第 209910 号

书　　名	统计技术
主　　编	王宏艳　王超　屈展
责任编辑	王建洪

出版发行	西安交通大学出版社
	（西安市兴庆南路 10 号　邮政编码　710049）
网　　址	http://www.xjtupress.com
电　　话	(029)82668357　82667874(发行中心)
	(029)82668315(总编办)
传　　真	(029)82668280
印　　刷	陕西日报社

开　　本	787mm×1092mm　1/16　印张　10　字数　239 千字
版次印次	2017 年 8 月第 1 版　　2018 年 8 月第 2 次印刷
书　　号	ISBN 978-7-5605-6926-0
定　　价	29.80 元

读者购书、书店添货，如发现印装质量问题，请与本社发行中心联系、调换。
订购热线：(029)82665248　(029)82665249
投稿热线：(029)82668133
读者信箱：xj_rwjg@126.com

编审说明

随着高职高专院校教学改革的不断深化,着力培养高素质劳动者和技能型人才,已成为当前高职高专教育课程改革的指导思想。我们这本《统计技术》是根据教育部高职高专院校课程改革的指导思想,结合编者多年工作实践经验和教学经验,综合多位统计专家的意见编写而成。《统计技术》是互联网十高等教育"十三五"精品课程规划教材。

本书根据现代统计的发展趋势和高职高专院校经济管理类专业的特点,全面系统地介绍了实际工作过程中常用的统计方法、统计思想和实际应用,注重培养学生应用专业知识对实际问题进行统计设计、统计调查、统计整理和统计分析的专业能力,促进学生知识、能力、素质的协调发展。

基于此,本教材具有如下特点:

(1)化繁为简,结构完整。从坚持理论"必需、够用"的基本原则出发,删减了部分难以理解又应用范围狭窄的内容和统计计算方法,这将更有利于加强学生的学习、理解和应用。

(2)体例新颖,内容丰富。本教材采用任务教学的体例格式,按照统计工作过程的程序和方法设计教学内容,将统计知识的讲授融入到实际工作情景与统计案例之中。每一单元都有明确的知识目标、能力目标,有与单元内容相匹配的任务布置、知识准备、任务实施等。

(3)通俗易懂,激发兴趣。在统计理论讲述过程中,不作数学推导与证明,尽可能通过实例讲述统计思想和统计方法的应用,尽可能利用大众化的 Excel 软件完成计算过程,以消除学生对计算的畏惧感。既丰富了教材内容,又有助于提高学生学习的积极性。

(4)深入浅出,时代性强。本书中的案例趣味生动,具有"大数据"时代的典型性,涉及众多热门话题,与人们的生活息息相关。

(5)教材形式上充分体现了互联网十的教改理念。教材定位于互联网十立体化教材,编写团队全面整合了数媒与纸媒的教材资源,使教材独具数字化、网络化和媒介化特色。主要体现在:

①在每个任务标题后配置二维码。用手机扫码,会出现需要通行证才能登录的界面,刮开封底的账号密码输入,登录成功即可呈现数字化教学资源的四大模块。一是学习资料:一些概念和准则等文本;二是视频讲解:flash 视频直观讲解教师不易表达的难点、晦涩点;三是课后习题:针对知识点进行题库练习,交卷评卷看解析,二次巩固;四是随堂实训:针对教材的案例动手实训,体会和掌握实操技能。通过这四个维度的展示,足以满足学生对相应知识的认知掌握。

②在线建立行政班级进行管理。教师可通过手机 APP 建立一个行政班级,通过后台对学生进行实时管理,检查学生观看视频的情况、做题多少、准确率等,还可以根据需要制定实训内容,以满足教师个性化教学需要。

③配套数字化辅助学习资源。教材各章节或各单元均有相当翔实的延伸阅读内容(或案例分析或习题参考答案或政策法规)上传"会计专业学习指导"微信公众号(kjzy2016),通过扫描二维码即可实现手机阅读,快捷方便。

　　上述立体化教材不仅改变了学与教的传统方式,而且拓展了学习者的学习时空,折射出整个教育资源建设理念的升级,使教师从传统的教材"消费者"转变为积极的教材开发者,同时也改善了教材与教学、学习的内在关系,最终通过数字化教材资源建设来推动教育教学方式的升级与转型。教学形式也由传统的讲授式课堂转变为翻转式课堂、混合式与互动式课堂等新形式。学习者在课堂不仅可以与学科专家、教学名师等进行对话,而且也可以与学习工具进行互动。

　　本教材由王宏艳、王超、屈展担任主编,梁平、黄峰云、周莎莎担任副主编。具体编写分工如下:王宏艳编写单元一和单元四,屈展编写单元二,梁平编写单元三,王超编写单元五和单元七,周莎莎编写单元六,黄峰云编写单元八。由王宏艳、王超、屈展负责拟定全书的编写大纲、框架设计以及最后的统稿工作。

　　经审定,本教材适用于高等院校(含高职高专、应用型本科、成人高校)等统计、会计类专业及相关专业的教学,也可供作统计业务培训教材,并可作为社会从业人士的参考读物。

　　本教材在编写过程中,参阅了大量国内外同类教材和专家学者的研究成果,恕不能一一列出,在此谨向各位作者致谢! 尽管我们在本教材编写中,做了很多努力,但是限于编者水平和编写时间,书中难免存在疏漏和不足之处,敬请各位读者不吝批评指正,以便进一步修订完善。

互联网＋高等教育精品课程"十三五"规划教材编审指导委员会
2017 年 8 月

目　录

第四编　统计分析

第一编 统计调查

单元一 统计常识认知

统计是社会生产力发展的必然产物,是为满足人类社会生活的需要而产生的,并随着社会生产力的发展而发展。"统计"一词在日常生活、社会实践活动和科学研究领域中经常出现,那么统计的具体涵义是如何概括的呢?统计学中的基本概念有哪些呢?具体的统计工作又是如何开展的呢?

任务一 统计学相关概念认知

【任务布置】

紫云咨询公司的财务部每月要"统计"公司的收入、费用,进而核算出利润;同时要求公司各个部门按季度上报"统计"出的部门费用花销明细;并聘请专家对公司员工进行"统计"知识的培训。那么,上面三个"统计"的含义分别是什么呢?

紫云咨询公司业务部承接了春满园空调企业的咨询工作,需要研究空调的使用寿命,公司抽取了35家空调厂的360台空调进行调查,其中一个厂家的空调平均使用寿命是标志还是指标?

如果专门研究这一工厂的状况,这个工厂空调的平均使用寿命是标志还是指标? 为什么?

【知识准备】

"统计"一词一般有三种涵义:统计工作、统计资料和统计科学。

一、统计的三种涵义

(一)统计三种涵义的区别

统计工作是指从事统计业务工作的单位利用科学的方法搜集、整理、分析和提供关于社会经济现象数量资料的工作的总称。例如:各级统计部门对其所属地区的工业、农业及贸易业等方面的数据资料进行的搜集、整理、分析等工作就是统计工作。

统计资料是指通过统计工作取得的、用来反映社会经济现象的数据资料的总称。例如:国家统计局每隔一定时期向社会公布的有关我国国民经济发展情况的资料,每年编印的《中国统计年鉴》等,这些公报资料及年鉴就是统计资料。

统计科学是指研究如何对统计资料进行搜集、整理和分析的理论与方法的科学。它是人类长期统计实践活动的经验总结和理论概括,也是指导统计工作的原理和原则。

(二)统计三种涵义的联系

统计工作、统计资料和统计科学三者之间既有区别,又有一定的联系。它们的联系主要表现在以下三个方面:

第一,统计工作与统计资料是统计活动过程与活动成果的关系。统计工作活动的目的是取得统计资料,统计资料的取得必须依靠统计工作的进行。

第二,统计工作与统计科学是统计实践与统计理论的关系。一方面,统计科学是统计工作的经验总结和理论概括;另一方面,统计科学又指导统计工作的实践。

第三,统计工作是先于统计科学而发展起来的。自从有了国家以来,统计工作就随着社会政治经济的发展和国家管理的需要而发展起来,而统计科学的出现只是近代的事情。

二、统计学中常用的基本概念

社会经济统计学中常用到的基本概念有:总体与总体单位;指标与标志;变异与变量。这些概念很重要,必须准确理解它们的涵义,以利于本书以后各单元的学习。

(一)总体与总体单位

1.总体

凡是客观存在的,在同一性质基础上结合起来的许多个别事物的整体,就是统计总体,简称总体。例如:一个国家或某一地区的所有工业企业是一个总体,它是由各个个别的工业企业组成,每个工业企业的经济职能是相同的(同一性质),即都是进行工业生产活动的基层单位。各个事物在某一方面的共同性(称"同质性"),是形成统计总体的一个必要条件,也是统计总体的一个重要特征。

2.总体单位

构成统计总体的个别事物称为总体单位。上例中的各个工业企业都是总体单位。一个统计总体中所包括的单位数如果是有限的,则称为有限总体;如果是无限的,则称为无限总体。

在社会经济现象中,统计总体大多是有限的。在统计调查中,对无限总体不能进行全面调查,只能调查其中的一小部分,据以推断总体;对有限总体既可以进行全面调查,也可以调查其中的一部分。

总体和总体单位的概念不是固定不变的,随着研究目的不同,总体和总体单位也会有所不同。

(二)指标与标志

1.指标

指标是反映总体现象数量特征的概念。例如,国民生产总值、人口数、劳动生产率等。

指标还可以是反映总体现象数量特征的概念及其具体数值。例如:2015 年我国国民生产总值达到 689052 亿元,2015 年末我国人口数为 136782 万人等。

2.标志

标志是说明总体单位特征的名称,有品质标志与数量标志之分。品质标志表示事物的品质属性特征,是不能用数值表示的,例如,性别、工种等;数量标志表示事物的数量特征,是可以用数值表示的,例如,年龄、工资等。标志的具体表现是在标志名称之后所表明的属性或数值,例如,某工人的性别是男,民族是汉族,年龄是 40 岁,工资是 520 元。在这里,"男"和"汉族"分别是品质标志名称"性别"和"民族"的属性,是这类标志的具体表现;而"40 岁"和"520 元"则分别是数量标志名称"年龄"和"工资"的数值表现。

可以看出,指标与标志既有明显的区别,又有密切的联系。两者的主要区别表现在:

(1)指标是说明总体特征的,而标志是说明总体单位特征的。

(2)标志可以分为不能用数值表示的品质标志与能用数值表示的数量标志两种,而指标都是用数值表示的,没有不能用数值表示的指标。

两者的联系主要表在:

(1)有许多指标的数值是从总体单位的数量标志值汇总而来的。

(2)指标与数量标志之间存在变换关系。由于研究目的不同,总体和总体单位也会不同,有的指标可能会变成标志,有的数量标志也可能变成指标。例如,当某省的所有县构成总体时,则各县的人口数是标志,因为它是总体单位的特征,将各县的人口数汇总即得到该省的人口数;而当某县的所有乡构成总体时,该县的人口数就是指标,因为它反映的是总体的数量特征,是由各乡人口数汇总而成。

(三)变异与变量

1.变异

每个总体单位都具有不同的特征,以区别于另一总体单位。标志在不同总体单位之间不断变化,由一种状况变为另一种状况,这种变化就是变异。例如:人的性别标志表现为男、女,年龄标志表现为 20 岁、30 岁等。变异是普遍存在的,这是统计的前提条件。

在一个总体中,每个总体单位都具有不变标志与可变标志。不变标志是指对所有总体单位都有完全相同的具体表现的标志,正因为具有这个不变标志,才使它们集合在一起构成同质总体;可变标志是指在总体单位之间具有不同标志表现的标志。例如:对某地区所有工业企业这个总体来说,其不变标志是"某个地区""工业",这两个标志对总体各单位进行了具体的界定,构成企业的同质性;而每个企业的职工人数、产量、产值等都可能不同,是可变标志,它们构成总体单位的变异性。总体的同质性和总体单位的变异性是进行统计核算的条件。

把总体、总体单位和标志这三个概念联系起来,可对总体的基本特征概括如下:

(1)同性质。即总体单位都必须具有某一共同的品质标志属性或数量标志数值。

(2)大量性。即构成总体的总体单位数目要足够多。

(3)差异性。即总体单位必须具有一个或若干个可变的品质标志或数量标志。

必须同时具备上述三个特征,才能形成总体。有了总体,才能进行一系列的统计计算和统计分析。例如,为了研究我国国有工业企业的生产经营情况(同质性),从总数为 10.47 万个(1993 年年末数)国有工业企业中抽选出有代表性的 1 万个企业(大量性),这些企业的行业不同,规模不同,资金使用也不同(差异性)。

2.变量

变量是指可变的数量标志。变量值是指可变的数量标志的具体表现。例如:某市工业局下属三个工业企业,甲企业的职工人数为 650 人,乙企业的职工人数为 1023 人,丙企业的职工人数为 890 人,要求计算该工业局平均职工人数。在这里,"职工人数"是一个变量,所要平均的是"职工人数"这个变量的三个数值,即三个变量值。

按变量值的连续性可把变量分为连续变量与离散变量两种。连续变量的数值是连续不断的,相邻的两个值之间可作无限分割,即可取无限个值。例如:人的身高、体重等。连续变量的数值要用测量或计算的方法取得。而离散变量的数值都是以整数位断开的,例如:职工人数、工业企业个数等,都只能按整数计算,不可能有小数。离散变量的数值只能用计数的方法取得。

变量按其性质不同可分为确定性变量与随机变量两种。确定性变量是指变量值的变化受某种或某几种确定性因素的影响,其变化是沿着一定的方向呈上升或下降的波动;而随机变量是指变量值的变化受某种或某几种不确定性因素的影响,其变化没有一个确定的方向,而是带有一定的偶然性。

【任务实施】

第一个"统计"的涵义是统计工作;第二个"统计"的涵义是统计数据;第三个"统计"的涵义是统计科学。

紫云咨询公司在进行空调厂家空调使用寿命的调查中,其中一个厂家的空调平均使用寿命是标志,如果专门研究这一工厂的状况,工厂空调的平均使用寿命是指标,因为标志是说明总体单位特征的,指标是说明总体特征的。

相关链接——统计学的发展历史

　(一)统计学的创立时期

　统计学萌芽于欧洲。17 世纪中叶至 18 世纪中叶是统计学的创立时期。在这一时期,统计学理论初步形成了一定的学术派别,主要有国势学派和政治算术学派。

　(二)统计学的发展时期

　18 世纪末至 19 世纪末是统计学的发展时期。在这一时期,各种学派的学术观点已经形成,并且形成了两个主要学派,即数理统计学派和社会统计学派。

任务二 统计工作任务与工作流程

【任务布置】

紫云咨询公司在研究空调的使用寿命时,如何进行空调使用寿命的统计工作?

【知识准备】

一项完整的统计工作过程可以分为:统计设计、统计调查、统计整理和统计分析四个阶段。

一、统计工作任务

随着我国改革开放的深入和社会主义市场经济的发展,党中央、国务院和地方各级党政领导加强科学决策、管理和宏观经济调控,对统计工作提出了更新、更高的要求。各级统计部门在向各级党政领导和社会各界提供大量统计信息的同时,还充分利用所掌握的信息资源,深入开展综合分析和专题研究,为进行科学决策、加强和改善宏观调控提供了一大批质量较高的统计分析资料,从而拓宽了统计服务范围和内容,使统计的职能发生了根本性的转变。统计部门已由单纯的统计信息搜集整理机构转变为具有信息、咨询、监督三大职能的统计信息管理机构。按照《中华人民共和国统计法》的规定,我国统计的基本任务是:对国民经济和社会发展情况进行统计调查、统计分析,提供统计信息和咨询,实行统计监督。下面从宏观决策和微观管理两个方面对统计工作的任务进行阐述。

第一,从宏观决策方面来看,在社会主义市场经济条件下,国家对经济的管理方式,已由过去的管硬件、管微观、直接管,转向了管软件、管宏观、间接管。因此,在党中央和国务院进行宏观经济决策和调控时,必须解决好这样几个问题:一是当前的国民经济和社会运转处于什么状态? 二是国民经济和社会运行是否正常? 如果不正常又怎样进行调控? 力度多大为好? 三是宏观调控措施实施之后的效果如何? 又有什么新的问题出现? 等等。可以说,这些问题都与统计工作密切相关。首先,只有依据统计工作搜集和整理准确、及时、全面、系统的统计信息,才能对国民经济和社会运行态势作出正确的判断;其次,统计工作把定性分析、定量分析和系统分析有机地结合起来,运用科学的统计监测和预警方法,通过对大量的统计信息进行分析,从而为国家宏观决策和宏观调控提出比较中肯、比较科学的咨询意见;最后,由于客观实际是在经常地、不断地发生变化,情况不同了,原来的决策也就可能不适用了。因此,统计工作需要对国民经济运行以及宏观经济决策和宏观调控进行反馈和监督,以促进国民经济和社会运行按照客观规律的要求,持续、稳定、协调、健康地向前发展。

第二,从微观管理方面来看,随着企业经营机制的转换和市场体系的发育,企业的生产经营活动将主要取决于市场需求。企业要了解市场,把握市场,才能在激烈的市场竞争中立于不败之地。然而,市场纷繁复杂,市场需要什么,需求多少,何时何地需求,这些信息单靠企业自身的力量是难以及时、准确地掌握的。因此,统计工作要注意对市场进行调查研究,大量地占有市场信息,为企业生产经营活动服务。

建立社会主义市场经济体制的一个很重要的环节,是培育和发展市场体系,实现信息的商品化、产业化,这也是市场体系建设的重点之一。统计信息是经济、社会、科技信息的主体,它所反映的是国民经济和社会发展的总体情况。在这种情况下,统计工作就必须适应新的形式,充分发挥在进行市场调查和搜集市场信息中的重要作用,大力培育和发展统计信息市场,积极主动地为社会公众和广大商品生产者、经营者服务,逐步实现统计信息服务的优质化和社会化。同时,也要加强对统计信息市场的规划和管理,积极推进统计社会化、国际化、产业化、商品化进程。

综上所述,当前我国统计工作的任务可概括为:

(1)为党和政府决策管理提供依据;

(2)为企事业单位经营管理提供信息;

(3)为社会公众了解国情、参与社会经济活动提供资料;

(4)为科学研究、国际合作提供数据。

二、统计工作流程

统计工作是通过对社会经济现象进行调查研究来认识其本质规律性的一种认识过程。统计认识过程和其他认识过程一样,是一个由感性认识到理性认识、不断发展与深化的过程。由于统计工作自身的特点,它与其他认识活动相比具有一定的特殊性、规律性。一般可将统计工作划分为统计设计、统计调查、统计整理和统计分析四个阶段。

统计工作是通过对社会经济现象数量方面的研究来认识其质的认识过程。统计的研究对象是大量的社会经济现象的数量方面,研究数量的多少、数量之间的关系、数量界限,但却不是从定量开始的,而是从定性开始,即在搜集原始统计资料(统计调查)之前,在统计设计阶段,就要根据所要研究对象的性质和研究任务、目的,确定调查对象的范围,规定分析这个对象的统计指标、指标体系和分组方法,这种定性工作是下一步定量工作的必要准备。在统计调查和统计整理阶段,就是根据统计设计的要求,有计划、有组织地搜集完整的原始资料,并对原始资料进行科学的分组与汇总,对已汇总的资料进行再加工、整理,进而计算各种分析指标、各种再分组资料,为统计分析准备系统的、条理化的综合资料。最后,在统计分析阶段,利用各种统计方法对所掌握的统计资料加以分析和评价,从而认识事物的本质和规律性,并据以对其未来的发展趋势作出科学的预测。

可见,统计工作的过程也就是统计工作的流程,一般是经过统计设计(定性)到统计调查和统计整理(定量),最后通过统计分析而达到对事物本质和规律性的认识(定性)。这种质—量—质的认识过程是统计工作的完整过程,缺少哪个环节都会出现偏差。

统计工作的各个阶段都有专门的研究方法,在以后各单元中将系统地加以介绍。

附资料 1-1

销售额与广告费的统计数据

提起亲子节目,很多人都会想到《爸爸去哪儿》,而《爸爸去哪儿》第二季的广告招标会中伊利股份以 3.1199 亿元的天价拿下节目的独家冠名,不由得让人们思考这样的一个问题——巨大数额的广告费用投入真的能给企业带来更多的利润吗?这就用到了我们的统计工作。

根据一项对不同地区 10 家商场有关化妆品销售额及其广告费支出的调查,调查资料如表 1-1 所示。

表 1-1　销售额与广告费关系表　　　　　　　　　单位:万元

序　号	广告费(X)	销售额(Y)	序　号	广告费(X)	销售额(Y)
1	0.20	20.00	9	0.43	40.00
2	0.30	25.00	10	0.60	70.00
3	0.20	24.00	11	0.55	48.00
4	0.40	30.00	12	0.42	39.00
5	0.35	32.00	13	0.40	42.00
6	0.48	40.00	14	0.58	65.00
7	0.30	28.00	15	0.51	56.00
8	0.58	50.00			

为了直观展示,绘制广告费—销售额的散点关系如图 1-1 所示。

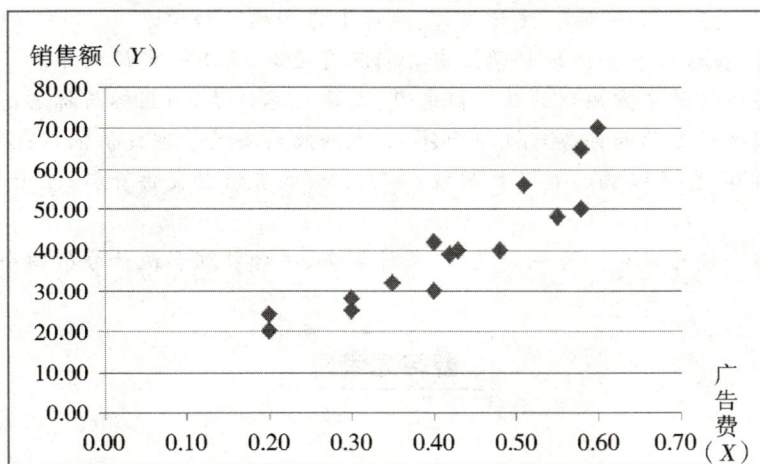

图 1-1　广告费与销售额数据关系

　　通过观察广告费与销售额数据关系的散点图,可以清晰的发现,广告费与销售额具有明显的同增同减关系,即广告费支出越大,商品的销售额越高。根据伊利股份 2014 年发布的三季报,继 2013 年年底冠名《爸爸去哪儿》后,公司前三季度营业收入同比增长 14.3%,归属于上市公司股东的净利润同比增长 41.44%。广告在其中的作用可见一斑。这样也就使大家明白了伊利为什么又于 2014 年 10 月份以 5 亿元的天价签下《爸爸去哪儿》的冠名权了。这就是利用基础统计数据,采用适合的统计方法,形成统计结论并指导实践的体现。

【任务实施】

　　紫云咨询公司承接的春满园空调企业的咨询工作,是一项完整的统计工作,首先要根据统计任务进行统计设计,设计内容包括空调使用相关的指标体系确定,调查空调企业厂家的范围,每家抽出空调的范围,收集相应资料的类型及方法,确定负责统计的人员等;在对选定空调企业调查过程中,对收集的相关资料进行加工,进一步整理出直观的数字、文字、图表等资料,围绕影响空调使用寿命的因素及现有空调使用寿命的情况进行分析,为春满园空调厂家延长空调使用寿命,增强企业竞争力提供理论数据支持。

相关链接——统计设计的基本任务

> 统计设计是统计工作的首要阶段,统计设计的基本任务是制定出各种统计工作方案,是统计工作过程不可缺少的重要环节之一,是统计工作的指导依据。
>
> 统计设计所制定的方案包括:统计指标体系、统计分类目录、统计调查方案、统计整理方案以及统计分析方案等诸多方面的内容。

单元小结

● 统计一词一般有三种涵义:统计工作、统计资料和统计科学。

● 统计工作、统计资料和统计科学三者之间既有区别,又有一定的联系。

● 社会经济统计学中常用到的基本概念有:总体与总体单位;指标与标志;变异与变量。

● 当前我国统计工作的任务可概括为:①为党和政府决策管理提供依据;②为企事业单位经营管理提供信息;③为社会公众了解国情、参与社会经济活动提供资料;④为科学研究、国际合作提供数据。

● 统计工作一般可以划分为统计设计、统计调查、统计整理和统计分析四个阶段。

复习思考题

一、思考题

1. 统计一词的三种涵义都是什么?

2. 简述统计工作、统计资料和统计科学三者之间的区别和联系。

3. 社会经济统计学中常用到的基本概念有哪些?

4. 试举例说明总体和总体单位之间的关系。

5. 举例说明标志和指标的关系。

6. 一项完整的统计工作可以划分为哪几个阶段?

二、理论测试题

(一)单选题

1. 对某市高等学校的卫生所进行调查,统计总体是(　　　)。

A. 所有高等学校 　　　　　　　　B. 一所高等学校

C. 所有高等学校的卫生所 　　　　D. 一所高等学校的卫生所

2. 要了解 40 个学生的学习情况,则总体单位是(　　　)。

A. 40 个学生 　　　　　　　　　　B. 每一个学生

C. 40 个学生的学习成绩 　　　　　D. 每一个学生的学习成绩

3.进行百货商店工作人员普查,总体单位是(　　)。

A.各百货商店　　　　　　　　　　B.一个百货商店的所有工作人员

C.一个百货商店　　　　　　　　　D.每位工作人员

4.对某停车场上汽车进行一次性调查,总体单位是(　　)。

A.汽车　　　　　　　　　　　　　B.每一台汽车

C.所有停车场　　　　　　　　　　D.一个停车场

5.对某市高等学校的宿舍卫生状况进行调查,总体单位是(　　)。

A.所有高等学校　　　　　　　　　B.一所高等学校

C.所有高等学校的所有宿舍　　　　D.每一个宿舍

6.某学生的年龄是18岁,则年龄是(　　)。

A.变量　　　　　　　　　　　　　B.品质标志

C.指标　　　　　　　　　　　　　D.变量值

7.某学生某门课程成绩是75分,则成绩是(　　)。

A.品质标志　　　　　　　　　　　B.变量

C.变量值　　　　　　　　　　　　D.标志值

8.数量指标是(　　)。

A.内涵指标　　　　　　　　　　　B.外延指标

C.相对指标　　　　　　　　　　　D.指标平均

9.某班级有40名学生,把他们的某门课成绩加起来除以40,这是(　　)。

A.对40个变量值求平均　　　　　　B.对40个变量求平均

C.对40个标志求平均　　　　　　　D.对40个指标求平均

10.了解地区职工情况,统计指标是(　　)。

A.地区全体企业　　　　　　　　　B.每一个职工

C.每一个职工的工资　　　　　　　D.地区职工工资总额

(二)多选题

1.要了解100户养鸡专业户的生产情况,则数量标志有(　　)。

A.养鸡专业户的户数　　　　　　　B.每一养鸡户的养鸡数

C.每一养鸡户的收入　　　　　　　D.100户养鸡户的养鸡数

2.在全市科技人员调查中(　　)。

A.全市所有的科技人员是总体　　　B.每一位科技人员是总体单位

C.科技人员的平均年龄是变量　　　D.具有高级职称的人数是数量指标

E.具有高级职称的人数是质量指标

3.下列各项中,属于统计指标的有(　　)。

A.社会总产值　　　　　　　　　　B.石油

C.原煤生产量　　　　　　　　　　D.全市年供水量8414万吨

E.某同学该学期平均成绩85分

4.在工业普查中,(　　)。

A.机器台数是统计指标　　　　　　B.机器台数是连续变量

C.工业总产值是统计指标　　　　　D.工业总产值是离散变量

E.每一个工业企业是总体单位

5.统计指标的特点是（　　　　）。

A.数量性　　　　　　　　　　B.大量性　　　　　　C.具体性

D.同质性　　　　　　　　　　E.总体性

6.某台设备有以下标志表现,数量标志表现是（　　　　）。

A.C720 车床　　　　　　　　B.原值是 2150 元

C.使用年限是 30 年　　　　　D.转速是 12000 转/分

E.机体重量是 2.5 吨

7.研究某全体工人情况,可变标志是（　　　　）。

A.工龄　　　　　　　　　　　B.厂籍

C.性别　　　　　　　　　　　D.工资　　　　　　　E.原籍

8.某企业是总体单位,数量标志是（　　　　）。

A.产品合格率　　　　　　　　B.职工人数

C.所有制　　　　　　　　　　D.年工资总额　　　　E.平均工资

9.全国人口普查中,（　　　　）。

A.全国人口数是调查对象　　　B.每个人是总体单位

C.全部男性人口数是统计指标　D.人的性别是总体单位的标志

E.人的年龄是变量

10.下面诸项中,属于连续变量的有（　　　　）。

A.粮食产量　　　　　　　　　B.全国总人口　　　　C.桌子数

D.平均工资　　　　　　　　　E.工厂数　　　　　　F.居民生活用水量

（三）判断题

1.指标是说明总体单位特征的。　　　　　　　　　　　　　　　（　　）

2.标志是说明总体特征的。　　　　　　　　　　　　　　　　　（　　）

3.指标既可以用数量来表示,又可以用属性来表示。　　　　　　（　　）

4.统计指标可分为数量指标和质量指标。　　　　　　　　　　　（　　）

5.标志可分为数量标志和品质标志。　　　　　　　　　　　　　（　　）

6.对某校学生体检,身高、体重是指标,全体参加体检的学生数量是总体。（　　）

7.统计指标体系是若干个相互限制的统计指标组成的一整体。　　（　　）

8.数量指标是用相对数形式表示的。　　　　　　　　　　　　　（　　）

9.连续变量的变量值是连续的。　　　　　　　　　　　　　　　（　　）

10.对商业职工调查,某职工的年龄是 30 岁,则年龄是变量,30 岁是变量值。（　　）

单元二 统计指标与统计调查

轿车经销商飞达公司在哈尔滨市从事轿车代理经销多年,有一定的经营实力,商誉较好,知名度较高。但近三年来,哈尔滨市又新成立了几家轿车经销商,对经销商飞达公司的经营造成了一定的冲击,轿车销售量有所下降。为了应对市场竞争,经销商飞达公司急需了解哈尔滨市居民私家车的市场普及率和市场需求潜力,了解居民对轿车的购买欲望、动机和行为,了解现有私家车用户有关轿车使用方面的各种信息,以便调整公司的市场营销策略。为此,经销商飞达公司要求市场调查部门组织一次关于哈尔滨市居民轿车需求与用户反馈为主题的市场调查。这次市场调查如何开展呢?调查的对象、内容是什么呢?采用什么样的调查方式和方法呢?

2-1

任务一 统计指标与统计指标体系认知

【任务布置】

轿车经销商飞达公司组织的这次关于哈尔滨市居民轿车需求与用户反馈为主题的市场调查,目的在于获取居民轿车需求与现有用户使用等方面的各种信息,为公司调整、完善市场营销策略提供信息支持。在这一调查过程中会涉及哪些统计指标呢?

【知识准备】

统计指标是社会经济统计活动的基本单元,就像人体细胞一样,社会经济统计的方方面面都离不开它。统计工作的全部过程也都是围绕或通过统计指标来进行的。同时,正是通过各种统计指标,统计部门才得以发挥其信息、咨询和监督三大功能。

一、统计指标的涵义

从统计理论和统计设计上讲,统计指标是指反映总体现象数量特征的概念,如国内生产总值、人均工资等。这种涵义的统计指标包含三个要素,即指标名称、计量单位和计算方法。

实际统计工作中,使用的是另一种涵义的统计指标,这种涵义的统计指标是指反映总体现象数量特征的概念及其具体数值,如 2015 年我国国内生产总值为 689052 亿元,这时统计指标除包含上述三个要素外,还包含了时间限制、空间限制和指标数值等另外三个要素。

对统计指标的这两种理解都是成立的、合理的,它们分别在不同的场合使用。在进行一般性统计设计时,只能设计统计指标的名称、内容、口径、计量单位和计算方法,这是不包括数值的统计指标。然后经过搜集资料、汇总整理、加工计算可以得到统计指标的具体数值,用来反映总体现象的实际数量状况及其发展变化的情况。从不包括数值的统计指标到包括数值的统计指标,反映了统计工作的过程。

二、统计指标的特点、作用和种类

1. 统计指标的特点

统计指标主要有两个特点:

(1)事物的可量性。没有质的规定性不能成为统计指标,有了质的规定性不能用数量表示,也不能成为统计指标,有些抽象度较高的社会经济概念难以量化,是不能直接用来作为指标名称的,必须将其分解为可以量化的概念才能成为统计指标。例如,"生活质量"可以分解为平均预期寿命、平均受教育程度、婴儿死亡率、每人每日摄取热量等可量化的概念,然后用一定的方法加以综合计算,这样"生活质量"便成为一个统计指标了。

(2)量的综合性。统计指标反映的是总体的量,它是许多个体现象的数量综合的结果。一个职工的工资不能成为统计指标,如果研究的统计总体是一个企业的全部职工时,该企业职工人数及工资总额才可成为统计指标。

2. 统计指标的作用

概括地讲,统计指标具有两个方面的作用:

(1)从认识的角度讲,它是记录社会经济现象变化发展情况的工具,同时,又是反映社会经济现象数量规律的手段。

(2)从社会管理和科学研究的角度讲,它提供以数量表现的事实,是进行社会管理和科学研究的基本依据。

3. 统计指标的种类

从不同角度,可以将统计指标分为以下几个种类:

(1)按统计指标所说明的总体现象内容的不同,可分为数量指标(外延指标)和质量指标(内涵指标)。

数量指标是说明总体外延规模的指标,反映总体绝对数量的多少,它用绝对数的形式来表示,并有计量单位。数量指标的数值随总体外延范围的大小而增减,如全国的人口数大于某一省的人口数。数量指标又称为总量指标,可表现为总体总量,即一个总体中单位的数目,如企业数;也可表现为标志总量,即总体中某一标志值的总和,如某企业全体职工的工资总额。质量指标是说明总体内部数量关系和总体单位水平的指标,它通常以相对数和平均数的形式来表示,如劳动生产率、平均工资等。质量指标的数值不随总体范围的变化而变化。例如,一个县的人均月收入水平是 300 元,一个省的人均月收入水平可能比它高,也可能比它低。也就是说,人均月收入水平是一个质量指标,它与总体规模的大小没有直接关系。

(2)按统计指标的作用和表现形式的不同,可分为总量指标、相对指标和平均指标。

总量指标是反映总体规模的统计指标,表明总体现象发展的结果,如人口数、国内生产总值等都是总量指标。相对指标是两个有联系的总量指标相比较的结果,如经济发展速度是报告期的国内生产总值与基期的国内生产总值之比。平均指标是按某个数量标志说明总体单位一般水平的统计指标,如平均工资、平均亩产量等。

统计指标还可以从其他角度进行许多种分类。如按指标的时间标准不同,可分为时点指标和时期指标;按指标的报告次序和准确性不同,可分为预计指标和终期指标;按指标的用途不同,可分为观察指标和考核指标;等等。需要说明的是,各种指标的分类不是孤立的,而是相互联系、相互交叉的。同一指标可以从不同的角度解释,也可以从不同的角度分类。

三、统计指标体系的涵义和种类

1.统计指标体系的涵义

由于一个统计指标只能反映社会经济现象的某一个侧面,或某个侧面的某一特征,而社会经济现象有许多个侧面和特征,它们相互依存制约。为了全面深入地认识社会经济现象,就必须采用多个具有相互联系的统计指标来综合反映社会经济现象的整体特征。我们将由若干个相互联系的统计指标组成的整体称为统计指标体系,如用劳动生产率、资金利税率、工业增加值等一系列指标来反映研究工业企业的全面情况,这些指标就组成工业企业的统计指标体系。由于实际工作中常常需要了解掌握社会现象的全面情况,因此必须运用具有有机联系的统计指标体系。

2.统计指标体系的种类

(1)统计指标体系按其所反映的内容,可分为基本统计指标体系和专题统计指标体系。基本统计指标体系即经常系统地反映生产、分配、交换、消费的经济指标体系,反映文化、教育、卫生的社会指标体系,反映科学技术人员、投入和成果的科技指标体系。专题指标体系即为对某一专门问题进行统计研究而设计的统计指标体系,如反映残疾人状况的指标体系,反映农产品生产成本和经济效益的指标体系、可持续发展指标体系等。

(2)统计指标体系按其实施范围,可分为国家统计指标体系、行业(或部门)统计指标体系、地方统计指标体系、基层单位的统计指标体系。

【任务实施】

经销商飞达公司调查过程中会涉及的统计指标有:

①被调查家庭的基本情况。包括的指标有户主的年龄、性别、文化程度、职业,家庭人口、

就业人口、人均年收入、住房面积、车库面积等。

②居民家庭是否拥有私家车。如果有,私家车的类型、品牌、价位、购入时间等。

③用户车况与使用测评。主要包括节油性能、加速性能、制动性能、舒适度、外观造型、内部装饰、故障率、售后服务等满意度测评。

④竞争对手调查,包括竞争对手的数量、经营情况和经营策略等。

相关链接——建立统计指标体系的基本原则

> (1)目的必须明确。
>
> (2)内容必须全面。
>
> (3)层次清楚、联系紧密。
>
> (4)要切合实际,具有可操作性。

任务二　统计调查认知

【任务布置】

经销商飞达公司这次关于哈尔滨市居民轿车需求与用户反馈为主题的市场调查,调查方案应该确定哪些基本内容? 适用哪些调查方式方法?

【知识准备】

统计调查就是按照统计的目的和任务,运用科学的调查方法,有计划、有组织地搜集实际统计资料的过程。

一、统计调查的概念与任务

经过周密的统计设计后,接着就要根据统计的任务,按科学的统计指标和指标体系,向社会做系统的调查,搜集必要的统计资料,并加以归纳、整理、分析研究,达到正确认识社会经济现象的目的。这个按照统计的目的和任务,运用科学的调查方法,有组织地搜集实际统计资料的过程就是统计调查。

统计调查包括搜集原始资料和搜集次级资料两种。原始资料指向调查单位搜集的尚待汇总整理,需要由个体过渡到总体的统计资料;次级资料指已经加工整理的由个体过渡到总体,能够在一定程度上说明总体现象的统计资料。统计调查搜集的主要是原始资料。

统计调查的基本任务是根据统计指标和指标体系,通过具体的统计调查,取得反映社会经济现象及其内在联系的原始统计资料。

统计调查担负着为整个统计工作提供基础资料的任务,统计调查中,对统计资料的搜集必须做到准确、及时、全面、系统,否则,就不能很好地发挥统计认识社会的作用,甚至还会导致错误的结论,造成严重的后果。

二、统计调查的种类

统计调查可根据其不同的性质,划分为不同的种类。

(1)按调查对象包括的范围不同,可分为全面调查和非全面调查。

全面调查是指对被研究对象所有的单位无一遗漏地进行调查登记的一种调查方式,如人口普查、工业普查等。通过全面调查可取得比较准确而全面的资料。

非全面调查则是对被研究对象的一部分单位进行调查,如城市住户调查,是抽取全国所有城市住户中的一部分进行调查,然后据此推断全国城市住户的情况。

(2)按调查组织方式不同,可分为统计报表调查和专门调查。

统计报表是按照国家统一规定的表式要求,自下而上地逐级提供统计资料的一种方式。这种调查方式在我国已经成为一种报告制度,如工业统计报表制度、农业统计报表制度等。

专门调查是为了研究某种情况或某项问题而专门组织的调查,又可分为普查、重点调查、抽样调查、典型调查等多种类型。

(3)按调查是否经常进行,可以分为经常性调查和一次性调查。

经常性调查又称连续调查,是为了观察总体现象在一定时期内(通常是一年内)的数量变化,随着调查对象的发展变化,连续进行的调查登记。例如,工厂的产品生产、原材料的投入、能源的消耗等,都必须在调查期内连续登记,然后加总起来。

一次性调查是间隔一个相当长的时间(通常是一年以上)所做的调查,一般是为了对总体现象在一定时间段的状态进行研究。如生产设备拥有量、耕地面积等。这些指标的数值在短期内变化不大,不需要连续登记。

三、统计调查方案

统计调查方案是统计设计在调查阶段的具体化,是统计设计的一项重要内容。只有正确制订统计调查方案,才能保证统计调查有计划有组织地进行,同时也是准确、及时、完整取得调查资料的必要条件。一份完整的调查方案,应包括以下基本内容:

(一)确定调查目的

调查总是为一定的研究目的服务的,制订统计调查方案的首要问题是明确调查目的。不同的研究目的和任务,决定着不同的调查内容和范围。目的不明,任务不清,就无法确定向谁调查、调查什么、怎样调查,结果会使调查搜集到的资料并不是需要的,许多应当搜集的资料却没有得到。

(二)确定调查对象和调查单位

确定调查对象和调查单位,是为了回答向谁调查、由谁来具体提供统计资料的问题。调查对象就是在某项调查中需要进行调查研究的社会现象总体,它是由性质相同的许多个别单位组成的。确定调查对象,是要明确调查对象总体的范围,划清它与其他社会现象的界限。只有调查对象的含义确切、界限清楚,才能避免登记的重复或遗漏,保证统计资料的准确。调查单位,就是在某项调查中登记其具体特征的单位,即调查项目的承担者。调查单位的确定取决于调查目的和调查对象。

明确调查单位还需要把它与报告单位相区别。报告单位也称填报单位,它是负责向上级报告和提交统计资料的单位。报告单位一般在行政上、经济上具有一定的独立性,而调查单位可以是人,也可以是单位,还可以是物。根据调查目的,调查单位与报告单位有时一致,有时不一致。

(三)拟定调查提纲和调查表

调查提纲由调查项目构成。调查项目就是调查中所要登记的调查单位的特征。确定调查提纲所要解决的问题是:向调查单位调查什么? 调查单位有哪些特征? 用什么标志反映调查单位的特征? 在调查中涉及哪些调查项目? 这些都应根据调查目的和调查单位的特点而定。

调查表是指将调查项目按照一定的顺序编制而成的统计表格。它主要用于统计调查阶段,是搜集原始资料的基本工具,且便于填写和汇总整理。调查表一般有单一表和一览表两种。单一表指一张调查表上只登记一个调查单位的表格,它可以容纳较多的调查项目;一览表是指一张调查表上登记若干个调查单位的表格,它可以容纳的调查项目有限。

(四)确定调查时间

调查时间包括两个方面的含义:首先,是指调查资料的所属时间。如果所调查的是时期现象,就要明确规定反映的调查对象从何年何月何日起,到何年何月何日止的资料,如果所要调查的是时点现象,就要明确规定统一的标准时点。其次,是指调查期限,即整个调查工作的起止时间。

(五)制订调查工作的实施计划

主要内容包括:调查工作的领导机构,参加调查的单位、人员,调查步骤、调查方法,调查前的准备工作,调查经费的预算和开支,试点和其他相关工作,调查进行中的检查,完成调查后提交成果和报告的内容及时间,等等。

四、统计调查的方法

按搜集资料方法的不同,统计调查的方法可以划分为直接观察法、访问法、报告法、问卷调查法等。

(1)直接观察法。直接观察法,即由调查人员到现场亲自对调查对象进行观察、计量,以取得第一手资料的方法。实际工作中农业产量调查的实割实测法、工业产品质量的现场检测等,都属于直接观察法。采用这种方法可获得较准确的数据,但花费的人力、物力、财力和时间较多,因此,它的应用受到很大限制。

(2)访问法。访问法,也称采访法,是由调查人员以调查表或有关材料为依据,逐项向被调查者询问有关情况,并将答案记录下来的一种方法,如人口普查中的人口登记。采用这种方法可以获得较为准确的数据,但需较多的人力和时间。

(3)报告法。报告法,即由报告单位根据各种原始记录和核算资料,按照统一的表格及填表要求,在规定的时间内,以一定程序向有关单位提供资料的方法。采用这种方法比较省时省力,还可促使被调查者建立健全原始资料,但容易出现虚报瞒报的现象。

(4)问卷调查法。问卷调查法,是一种以问卷形式提问、由被调查者自愿回答、调查者根据答案汇总而收集资料的方法。如产品品牌问卷调查即是一种典型的问卷调查法。采用问卷调查法的关键是精心设计问卷,提问简明扼要,答案标准化,易于选择和汇总。这种方法省时省力,但如果回收率较低或者反馈的答案质量不高,就会影响数据的质量及结论的可靠性。

五、常用的统计调查类型

各种统计调查类型各有特点,在统计调查中,应根据调查对象和人力、财力条件的不同,灵活地运用不同的调查类型。一般说来,凡是抽样调查、重点调查可以满足需要的,就不要进行全面调查;一次性调查可以满足需要的,就不必进行定期统计报表调查。

目前,我国常用的几种调查类型有:统计报表、普查、抽样调查和重点调查。

1. 统计报表

统计报表是目前我国统计调查中搜集统计资料的主要方式。

(1)统计报表制度。

统计报表制度是企业、事业、行政单位、各级政府统计机构和各业务主管部门,依照《中华人民共和国统计法》的有关规定,自下而上地逐级定期向国家提供基本统计资料的一种报告制度。

国家统计报表分基层表和综合表两种形式。基层表以基层单位的原始记录为基础,反映国民经济主要行业的基本情况;综合表是以基层表为基础,利用业务部门的各种调查和推算资料,反映国民经济运行的综合情况,为国民经济宏观管理服务。

(2)统计报表的资料来源。

统计报表的资料来源于基层单位的原始记录。从原始记录到统计报表,中间还经过统计台账和企业内部报表。原始记录是基层单位通过一定的表格形式,对生产经营活动的具体内容和状况所进行的最初的数字和文字记载。统计台账是基层单位根据统计报表的要求和基层经营管理的需要,按时间顺序设置的一种系统积累统计资料的表册。

2. 普查

普查是一种专门组织的一次性全面调查,主要用来搜集某些不能够或不适宜用定期统计报表来搜集的统计资料,以摸清重要的国情、国力,一般用来调查一定时点上的社会经济现象总量。普查的范围广,搜集的资料全面,但工作量较大,耗资较多,因此不宜经常进行。

3. 抽样调查

抽样调查是按照随机原则从调查总体中抽出一部分单位(在抽样调查中称作样本单位)进行调查,并根据调查取得的样本资料推算总体数值的调查类型。

抽样调查主要具有两个特点:

(1)按照随机原则抽取样本,使总体中每个单位都有同等的被抽中的机会,这样就能保持样本的结构近似于总体的结构,使样本对于总体具有代表性。

(2)根据样本的资料推断总体的数值。这种推断虽存在一定的抽样误差,但误差的范围是可以计算和加以控制的,使推断结果具有一定的可信度。

抽样调查的特点决定了它的广泛的应用范围。

第一,对一些不可能进行全面调查的社会经济现象,必须用抽样调查的方式取得资料。例如,对于一些具有破坏性的产品质量检验、汽车轮胎里程试验、灯泡寿命检验等。

第二,对一些难于进行全面调查而又必须取得全面数值的社会总体现象,例如农作物产量,需要进行抽样调查。

第三,对一些不必要进行全面调查的社会现象,例如城乡居民家庭收支情况,可以采用抽样调查。

第四,对普查等全面调查资料的质量进行检验,也可利用抽样调查方法。

4. 重点调查

重点调查,是对总体某些重点单位进行的调查。这些重点单位虽然为数不多,但其标志总量在整个总体的标志总量中占较大比重,因而能反映总体基本情况。重点调查具有省力的优点,但只能取得反映总体基本情况的资料。

《中华人民共和国统计法》指出:"重点调查应当以周期性普查为基础,以经常性抽样调查为主体,以必要的统计报表、重点调查、综合分析等为补充,搜集、整理基本统计资料。"这段话概括了上述各统计调查类型的地位和作用。

【任务实施】

经销商飞达公司这次关于哈尔滨市居民轿车需求与用户反馈为主题的市场调查,调查方案应该确定的基本内容包括:调查目的与任务;调查对象和调查单位;调查内容与项目;调查表和问卷设计;调查时间和期限;调查方式和方法;资料整理与分析等。

本次调查适用的调查方式方法有:

调查方式:居民私家车需求与用户调查采用抽样调查方式,样本量1000户。

调查方法:采用访问法、问卷调查法、直接观察法相结合的方式进行调查,居民私家车需求与用户调查采用调查员上门访问的方式;走访统计局、交警大队了解本市居民私车的社会拥有量和普及率;购买本市的统计年鉴用以研究本市居民的消费收支情况及社会发展状况;利用本经销店的用户信息库进行分类统计和信息开发;召开一次用户焦点座谈会;竞争对手调查主要采用现场暗访调查及用户测评等获取相关信息。

相关链接——统计调查的基本原则

---

(1)准确性原则:要实事求是,如实反映情况;

(2)及时性原则:及时反映,及时预报;

(3)完整性原则:要数字与情况相结合。

任务三　统计调查资料的质量控制

【任务布置】

经销商飞达公司这次关于哈尔滨市居民轿车需求与用户反馈为主题的市场调查,涉及的调查资料很多,调查资料的质量直接影响着调查的结果,那么本次统计出来的调查资料在质量控制方面需要注意哪些问题呢?

【知识准备】

统计调查资料的灵魂是资料的高准确性,统计调查资料质量的好坏决定了统计信息的有用性。高质量的统计数据,有利于决策者与管理者把握正确的形势,有利于客观分析问题,有利于作出科学高效的决策。

一、统计调查误差的种类

统计调查资料是统计调查工作的反映。准确、可靠的统计调查资料,是统计分析、统计研究可靠性和准确性的基础,也是整个统计工作的基础。为了取得准确的统计调查资料,必须采取各种措施,防止可能发生的各种统计调查误差,把它缩小到最低限度。

统计调查误差,是指调查所得的统计数字与调查总体实际数字的差。如对某城区进行人口普查,得到人口数为219500人,实际该区人口数为220000人,则统计调查误差为500人。

统计调查误差分为登记误差和代表性误差。

登记误差是由于调查过程中各个有关环节上的工作不准确而产生的误差。产生登记误差的主要原因是计量错误、记录错误、计算错误、抄录错误、汇总错误、调查者虚报瞒报以及统计调查方案规定不明确等。在全面调查和非全面调查中都会产生登记误差。

代表性误差,是指用部分总体单位的指标估计总体指标时,估计结果同总体实际指标之间的差别。这种误差只有在非全面调查中才会发生。

二、控制统计调查误差的途径

1.控制登记误差的方法

首先,要制订科学的统计调查方案,使调查人员或填报人员能够明确执行,不致产生误解。其次,要抓好调查方案的贯彻执行工作,包括:

(1)加强对统计人员的培训,使统计人员能准确理解统计调查方案的各项内容,特别是准确把握填表要求及指标口径范围。

(2)做好统计基础工作,包括建立相应的统计机构,配备必要的人员,建立健全计量工作、原始记录、统计台账等制度,保证统计资料的来源准确可靠。

(3)加强对统计调查过程中数据填报质量的检查。

为了防止因弄虚作假造成的登记误差,最根本的一条还是要认真贯彻统计法,严格统计执法,纠正统计数据上的不正之风。

2.控制代表性误差的方法

代表性误差主要是由非全面调查,特别是抽样调查产生的。在抽样调查中,要严格遵守随机的原则,通过扩大调查样本容量、改进抽样调查的组织形式等,从而达到控制代表性误差的目的。

附资料2-1

被解雇的市场调查员

市场调查对企业经营发展非常重要,企业的领导者也非常重视调查研究的结果,用调查结论进行企业实践的指导。可是,调查方法本身隐藏着容易让人疏忽的风险。错误的调查结果会对企业产生误导,使得很多企业家面对市场调查结果难以抉择。

2014年我国某空调生产企业因为一次市场调查的结果,解雇了市场调研部的全部员工。

故事是怎样发生的呢？

　　为了调查该企业空调品牌的市场占有率，该企业派出市场研究部的两组员工就这个问题开展调查工作：请列举出您会选择的空调品牌。两组的调查结果令人很诧异：A组的调查结果为，36％的消费者在购买时愿意选择该企业的空调；B组的调查结果却仅仅有16％。企业领导很纳闷，不明白同样的调查方法为何产生如此不同的结果？究竟是哪里出了问题？真相究竟如何？

　　于是，企业邀请专门的机构对参与该调研的全体成员进行调查，发现了问题的症结：A组在调研过程中存在明显的误导受访者的行为。调查员在询问过程中都带着印有该企业商标的领带，令受访者一眼就看出谁是这次活动的主办方。并且，问题的选项中，该企业的名字出现在众多空调品牌的第一位。这两种强烈的心理暗示让结果不再客观，有失公允。

　　调查结果让企业老总不寒而栗：如果按照A组的结论去指导生产，产量将超过实际需求近1倍，那么损失将非常大。其原因是该企业调查员在抽样过程中引入了比较严重的非抽样误差，调查员对受访者强烈的诱导是导致结果偏差的症结所在。

【任务实施】

　　经销商飞达公司本次统计出来的调查资料在质量控制方面需要注意使调查人员能准确理解统计调查方案的各项内容，特别是准确把握统计指标口径范围；加强对统计调查过程中数据的检验；在抽样调查中，要严格遵守随机的原则，通过扩大调查样本容量、改进抽样调查的组织形式等，来控制代表性误差。

相关链接——统计调查资料质量的影响因素

　　(1)资料数据统计不全；

　　(2)资料统计失真；

　　(3)统计分析和统计手段落后；

　　(4)统计制度不完善。

单元小结

　　●统计指标是指反映总体现象数量特征的概念及其具体数值。

　　●数量指标是说明总体外延规模的指标，反映总体绝对数量的多少，它用绝对数的形式来表示，并有计量单位。数量指标的数值随总体外延范围的大小而增减。

　　●质量指标是说明总体内部数量关系和总体单位水平的指标，它通常以相对数和平均数的形式来表示，质量指标的数值不随总体范围的变化而变化。

　　●统计调查就是按照统计的目的和任务，运用科学的调查方法，有组织地搜集实际统计资料的过程。

　　●我国常用的统计调查类型有：统计报表、普查、抽样调查、重点调查。

复习思考题

一、思考题

1. 统计指标的特点和作用是什么？
2. 统计指标可以划分为几个种类？
3. 简述统计调查的种类及各自的特点。
4. 一项完整的统计调查方案包括哪些基本内容？
5. 统计调查的方法有哪些？
6. 控制统计调查误差的途径有哪些？

二、理论测试题

(一)单选题

1. 统计调查按调查登记时间是否连续,可以分为(   )。

A. 统计报表和专门调查　　　　　B. 全面调查和非全面调查

C. 经常性调查和一次性调查　　　D. 直接观察法和询问法

2. 调查期限的含义是(   )。

A. 调查资料所属时期　　　　　　B. 调查工作从开始到结束所需要的时间

C. 调查时实际登记的时间

3. 调查时点的含义是(   )。

A. 调查资料所属时点　　　　　　B. 调查工作从开始到结束所需要的时间

C. 调查进行的起止时间　　　　　D. 调查时实际登记的时间

4. 填报单位是(   )。

A. 调查标志的承担者　　　　　　B. 负责向上报告调查内容的单位

C. 构成调查对象的每一单位　　　D. 就是总体单位

5. 进行百货商店工作人员普查,调查单位是(   )。

A. 所有百货商店　　　　　　　　B. 所有百货商店全体工作人员

B. 一个百货商店　　　　　　　　D. 每位工作人员

6. 某市进行工业企业生产设备状况普查,要求在 7 月 1—5 日全部调查完毕,则这一时间规定是(   )。

A. 调查时期　　　　　　　　　　B. 调查期限

C. 调查时点　　　　　　　　　　D. 登记时间

7. 在统计调查中,调查项目的承担者是(   )。

A. 调查对象　　　　　　　　　　B. 调查单位

B. 填报单位　　　　　　　　　　D. 调查工作人员

8. 某市商业企业 2014 年经济活动成果呈年报时间规定在 2015 年 1 月 31 日,则调查期限是(　　　)。

A. 一日　　　　　　　　　　　　　B. 一个月

C. 一年　　　　　　　　　　　　　D. 一年零一个月

9. 检验电灯泡发光时间的长度,根据包括总体单位的范围来看,这是(　　　)。

A. 全面调查　　　　　　　　　　　B. 抽样调查

C. 重点调查　　　　　　　　　　　D. 典型调查

10. 企业领料单和入库单属于(　　　)。

A. 统计台账　　　　　　　　　　　B. 企业内部报表

C. 原始记录　　　　　　　　　　　D. 都不是

(二)多选题

1. 在工业企业设备调查中,(　　　)。

A. 工业企业是调查对象　　　　　　B. 工业企业的所有设备是调查对象

C. 每台设备是填报单位　　　　　　D. 每台设备是调查单位

E. 每个工业企业是填报单位

2. 要调查全国乡镇企业情况,全国每一个乡镇企业是(　　　)。

A. 调查对象　　　　　　　　　　　B. 调查单位

C. 总体单位　　　　　　　　　　　D. 填报单位

3. 全国工业企业普查中,(　　　)。

A. 全国工业企业数是调查对象　　　B. 全国每一个工业企业是调查单位

C. 全国每一个工业企业是填报单位　D. 工业企业的所有制关系是变量

E. 每一工业企业的总产值是变量

4. 调查单位和填报单位既有区别又有联系是指(　　　)。

A. 某一客体不可能既是调查单位又是填报单位

B. 某一客体可以同时作为调查单位和填报单位

C. 调查单位是调查项目的承担者,填报单位是负责向上报告调查内容的单位

D. 调查单位是向上报告调查内容的单位,填报单位是调查项目的承担者

5. 统计专门调查包括(　　　)。

A. 统计报表　　　　　　　　　　　B. 抽样调查

C. 普查　　　　　　　　　　　　　D. 重点调查

6. 普查是一种(　　　)。

A. 专门组织的调查　　　　　　　　B. 一次性调查

C. 经常性调查　　　　　　　　　　D. 全面调查　　　　　E. 非全面调查

7. 统计报表的特点是(　　　)。

A. 自上而下统一布置　　　　　　　B. 自上而下逐级填报

C. 按规定的报送时间送出　　　　　D. 按照统一的表式和项目填报

E. 属于专门调查

8. 统计调查的方法有(　　　)。

A. 直接观察法　　　　　　　　　　B. 访问法

C. 报告法 　　　　　　　　　　D. 问卷调查法

（三）判断题

1. 调查单位就是填报单位。　　　　　　　　　　　　　　　　　　　　（　　）

2. 调查对象就是统计总体。　　　　　　　　　　　　　　　　　　　　（　　）

3. 在某市工业普查中，全市工业企业是调查对象，而每一个工业企业是调查单位，同时也是填报单位。　　　　　　　　　　　　　　　　　　　　　　　　　　　　（　　）

4. 普查是专门组织的一次性调查。　　　　　　　　　　　　　　　　　（　　）

5. 调查期限就是调查资料所属的时间。　　　　　　　　　　　　　　　（　　）

6. 统计调查就是对分析资料的搜集。　　　　　　　　　　　　　　　　（　　）

7. 统计资料的搜集必须做到准确、及时、全面、系统。　　　　　　　　（　　）

8. 统计调查表可以分为单一表和一览表。　　　　　　　　　　　　　　（　　）

9. 调查单位和报告单位是两种根本不同的单位。　　　　　　　　　　　（　　）

10. 假设某人口普查的标准时点规定为 6 月 30 日 24 时，并以常住人口为普查对象，在标准时点后几天，调查人员遇到下面情况：

(1)7 月 3 日在第一家调查时，得知这家 7 月 2 日死去一人，在普查表上应列为"死亡"。
　　　　　　　　　　　　　　　　　　　　　　　　　　　　　　　　（　　）

(2)同日在第二家遇到婚礼，10 天以前新婚夫妇办理好结婚登记，调查人员对这对青年的登记为"已婚"。　　　　　　　　　　　　　　　　　　　　　　　　　　　（　　）

(3)7 月 4 日到第三家，户主告诉调查员，他在 7 月 1 日已办理离婚手续，对被询问者的婚姻状况应填写为"已婚"。　　　　　　　　　　　　　　　　　　　　　　　（　　）

(4)同日到第四家，这家 6 月 30 日出生一小孩，应登记为"多一人"。　（　　）

第二编 统计整理

单元三 统计整理

知识目标

● 了解统计整理的意义和步骤。
● 熟悉统计分组的概念与作用。
● 熟悉分配数列的概念和种类。
● 掌握统计表的结构和设计原则。

能力目标

● 能够依据统计资料进行科学分组。
● 能够依据原始数据编制分布数列。
● 能够设计科学实用的统计表展示数据特征。

单元描述

　　我国是世界上人口最多的国家,人口多是最基本的国情。我们进行社会主义现代化建设,发扬社会主义民主,做好民生工作,都需要有翔实准确的人口数据,而人口普查就是取得人口数据的重要途径。定期开展人口普查的目的就是查清我国人口在数量、结构、分布和居住环境等方面的变化,为科学制定国民经济和社会发展规划,统筹安排人民的物质和文化生活,实现可持续发展战略,构建和谐社会,提供科学准确的统计信息支持。如何对杂乱无章的普查资料进行统计整理呢? 如何设计科学适用的统计表进行数据的分析呢? 这些都是本单元需要学习的内容。

任务一　统计整理的意义和步骤

3-1

【任务布置】

　　我国第六次人口普查于 2010 年开展。此次人口普查标准时点为 11 月 1 日零时,人口普查的对象是在中华人民共和国(不包括香港、澳门和台湾地区)境内居住的自然人。此次普查共采集了 13.3 亿人的原始资料,这些资料是杂乱而不系统的,不能说明我国人口的总体特征。

要得到我国人口在数量、结构、分布和居住环境等方面的变化情况,如何对采集的资料进行统计整理呢?

【知识准备】

统计整理是统计工作过程的一个重要环节,它是根据统计研究的任务与要求,对调查所取得的各种原始资料,进行审核、分组、汇总,使之系统化、条理化,从而得到反映总体特征的综合资料。

一、统计整理的意义

由于统计调查取得的原始资料都是零星、分散、不系统的,只能显示各个被调查单位的具体情况,反映事物的表面现象或一个侧面,不能说明被研究总体的全貌,因此,必须对这些资料进行加工整理才能认识事物的总体特征和内部联系。如第三产业普查,每一个企业的资料,只能说明每个企业的人员、产值、利润等具体情况。为了得到全国第三产业的综合情况,并进而分析全国第三产业的总量规模及结构,达到对全国第三产业全面、系统的认识,必须对所取得的普查资料进行整理和加工,才能达到普查目的。

统计整理是统计由对个别现象的认识上升到对总体现象的认识的一个重要阶段,在统计工作中起着承前启后的作用,它既是统计调查的继续和深化,又是统计分析和预测的基础和前提。因此,统计整理的质量不仅直接关系到调查资料能否发挥其应有的作用,而且也直接影响到统计分析和预测能否得出正确的结论。

二、统计整理的内容

统计整理的内容,主要包括以下几个方面:

(1)对原始资料进行审核与检查,如果发现被调查单位的资料不齐全或有差错,要及时查询订正。

(2)对各项指标进行综合汇总,并按要求进行各种分组,汇总出各项指标的总数与各分组的总数。

(3)将汇总的结果编制成统计表与分析表,以便进一步分析。

(4)对统计资料进行系统积累。

三、统计资料报送的组织形式

按规定和要求向国家或有关单位提供统计资料是统计工作的重要环节。根据统计工作的条件与要求,统计资料有不同的报送形式。

(1)传统的报送方式,包括邮寄报送、电话电报报送等方式。

(2)计算机数据处理和远程传输,是由报送单位把统计资料按照规定的要求处理好以后,将数据直接传输到受表单位的计算机内。

(3)磁介质报送统计资料,是将计算机处理好的统计资料录入软磁盘,把这种磁盘报送给受表单位。磁盘能容纳大量的信息,所以,复杂的、大型的统计调查的资料,多采用这种报送方式,并可把基层单位的统计资料一并报送,实行超级汇总。

【任务实施】

必须按照统计研究的目的和任务对数据进行加工整理,对采集的各种原始资料按照审核、分组、汇总的整理步骤,使之系统化、条理化,从而得到反映总体特征的综合资料。

相关链接——统计整理的组织

> 统计资料整理的基本组织形式有逐级汇总和集中汇总,此外还有由这两种形式结合而成的综合汇总。在这几种组织形式中,逐级汇总是最常用的。
>
> 逐级汇总是按照一定的统计管理体制,自下而上地逐级对调查资料进行汇总。集中汇总是将全部原始资料集中在组织调查的最高机关或指定的机构进行汇总。

任务二　统计分组认知

【任务布置】

第六次全国人口普查采取全员制普查,普查涉及每个家庭和个人,调查员入户调查,以户为单位进行登记,普查涉及性别、年龄、婚姻、住房、就业和迁移等多个方面。举例说明在这一普查数据整理过程中,是如何进行统计分组的?

【知识准备】

通过统计调查得到的统计资料,往往是零星的、分散的,统计分组的任务就是将这些统计资料整理得既有条理又能反映事物的特点。

一、统计分组的概念

由于社会经济现象比较复杂,现象之间常常既有某种共同的性质,又在质与量的方面存在着种种差异。为了提示现象各部分之间的差异,认识它们之间的矛盾,表明事物的本质与规律,就需要进行统计分组。统计分组是根据研究的任务和对象的特点,按照某种分组标志将统计总体分为若干组成部分。

理解统计分组的概念要注意三点:①统计分组的对象是总体;②统计分组应有分组标志;③统计分组对总体而言是"分",对总体单位而言是"合"。

二、统计分组的作用

统计分组的作用主要有:

(1)对于零星的、分散的统计资料,经过统计分组整理后,可以发现其特点与规律。

【例 3-1】 某企业有 100 名工人,1998 年 10 月该企业每个工人所得到的工资的资料如下(单位:元):

820	490	620	580	950	620	760	690	620	760	460	580	950	880
620	580	760	760	820	520	580	760	460	760	620	620	880	690	620
420	690	690	760	880	690	580	690	580	690	760	690	880	580	580
690	760	760	820	950	460	760	620	620	760	760	880	620	460	760

690	620	820	820	420	620	880	520	580	580	760	760	820	520	950
820	690	820	690	760	760	690	690	580	620	760	490	580	820	880
580	580	690	620	880	420	690	620	520	580	690				

根据上面的资料无法对该企业工人的工资水平进行具体分析。现在,我们对上述资料进行分组整理,见表 3-1。

表 3-1　某企业工人工资情况

按工资分组(元)	工人数(人)
400～500	9
500～600	19
600～700	32
700～800	19
800～900	17
900～1000	4
合　计	100

从表 3-1 可看出,工资在 500～800 元的工人数占该企业全部工人数的 70%,其中:工资在 600～700 元的工人数占 32%,工资较低(500 元以下)和较高(900 元以上)的工人数占的比重分别为 9% 和 4%,这就可以得到该企业工人工资水平的具体分布。

(2)可以将复杂的社会经济现象,划分为性质不同的各种类型。

统计工作中应用最广泛、最主要的分组,是将社会经济总体划分为若干类型,也叫国民经济分类。

按经济类型分组,首先是按照生产关系的类型分组,即按生产资料的所有制性质分组,如国有经济、集体经济、其他经济等的划分;在国民经济中还有按经济活动性质不同的部门分类,如第一、二、三产业的划分。

(3)可以分析总体中各个组成部分的结构情况。

在分析研究社会经济现象时,将总体按照某个标志分成若干组成部分以后,可以计算总体内部各组成部分占总体的比重,揭示总体内部的构成,表明部分与总体、部分与部分之间的关系。例如:2010—2015 年我国国内生产总值的构成情况见表 3-2。

表 3-2　2010—2015 年我国国内生产总值的构成情况　　　　单位:%

年　份	国内生产总值	第一产业	第二产业	第三产业
2010	100	9.5	46.4	44.1
2011	100	9.4	46.4	44.2
2012	100	9.4	45.3	45.3
2013	100	9.3	44.0	46.7
2014	100	9.1	43.1	47.8
2015	100	8.9	40.9	50.2

注:按当年价格计算。

资料来源:中华人民共和国国家统计局网站查询。

（4）可以揭示现象之间的依存关系。

一切社会经济现象之间，都存在相互联系、相互依存、相互制约的关系，如工业企业中劳动生产率与利润的关系，商业企业中商品销售额与流通费用的关系等。统计中运用分组法研究这种依存关系时，是将总体单位中的一个标志作为分组标志进行分组，观察其他标志与分组标志的联系情况。如研究商业企业中商品销售额与流通费用的依存关系，可以将各商业企业按商品销售额分组，计算每个组相应的商品流通费用，如某市 100 个百货商场的年销售额与流通费情况见表 3-3。

表 3-3　某市 100 个百货商场的年销售额与流通费情况

按销售额分组 （万元）	商店数 （个）	每百元商品销售额中的流通费 （元）
50 以下	10	11.2
50～100	20	10.1
100～200	30	9.2
200～300	25	8.5
300 以上	15	6.0

由表 3-3 分组资料可见，销售额与流通费之间有明显的依存关系，即销售额越大，每百元商品销售额中的流通费越少。这种依存关系，只有通过分组才能揭示出来。

三、统计分组方法

统计分组的关键是选择分组标志与划分各组界限。选择分组标志，是确定将统计总体区分为各个性质不同的组的标准或依据。划分各组界限，是根据分组标志，划定各相邻组间的性质界限和数量界限。

1. 选择分组标志的原则

第一，应根据研究目的与任务选择分组标志。同一研究总体，研究的目的不同，可选用的分组标志也不同。如以某企业的工人为总体，如果研究的目的是分析工人的文化业务素质，就应选用工人的文化程度或技术水平等级为标志；如果要分析工人的劳动力素质，则应以工人的年龄作为分组标志。

第二，要选用能反映事物本质或主要特征的标志。一般情况下，社会经济现象有多种特征，在选择分组标志时，可以使用这种标志，也可以选择另一种标志，这就需要根据被研究对象的特征，选择主要的、能抓住事物本质的标志进行分组。例如，研究工业企业规模的大小，可以用许多标志反映，如职工人数、产值、生产能力等，但在实际统计工作中，一般使用生产能力和固定资产作为分组标志，因为它们能确切地反映企业规模的大小。

第三，要根据现象所处的历史条件及经济条件来选择标志。由于社会是不断发展的，在不同的历史条件与不同的经济条件下，选择的分组标志也不一样，要根据情况的变化而变化。

2. 分组方法

确定分组标志以后，进行具体分组的方法有以下几种：

第一，按品质标志与数量标志分组。按品质标志分组就是用反映事物的属性、性质的标志分组，它可以将总体单位划分为若干类型，如职工按性别分组，企业按所有制形式分组等。有时按品质标志分组非常复杂，主要原因是划分界限不太明确，不易确定总体单位应划归到哪一类，这种情况下就必须对错综复杂的经济现象进行具体、深入的了解，制定出具体的分类标准，按照标准进行分类。

按数量标志分组是用事物数量的多少作为标志进行分组。数量标志可以是绝对数，如工资总额；也可以是相对数，如发展速度。分组的形式可以是单项式，也可以是组距式。按数量标志分组的关键是使用什么样的数量作为分组的组距。关于按数量标志分组的具体方法，将在下一任务中详细介绍。

第二，按主要标志与辅助标志分组。社会经济现象十分复杂，使得总体内部各部分的性质差异具有多重性，在这种情况下，使用一个标志分组，往往不足以区分事物的不同性质和特点，不能全面认识事物的变化规律。因此，实际进行分组时，除了使用一个主要标志外，还要用一个或几个辅助标志作为分组补充标志。

四、统计分组体系

统计分组体系是根据统计分组的要求，对同一总体进行多种不同分组而形成的体系，体系中的各种分组相互联系相互补充，可以加深人们对社会经济现象的认识。

1. 简单分组与平行分组体系

将总体按一个标志分组称为简单分组。将同一总体选择两个或两个以上的标志分别进行的简单分组，就形成平行分组体系。如对工业企业进行分组：

全部工业企业

　　按轻重工业分：

　　　轻工业

　　　重工业

　　按企业生产规模分：

　　　特大型企业

　　　大型企业

　　　中型企业

　　　小型企业

　　按经济类型分：

　　　国有工业企业

　　　集体工业企业

　　　其他工业企业

平行分组体系的特点是：每一个分组固定一个分组标志的差异，以反映总体内部的分布情况。

2. 复合分组与复合分组体系

对同一个总体选择两个或两个以上的标志重叠起来进行分组，叫复合分组。多个复合分组组成的分组体系就是复合分组体系。这种分组在实际工作中应用比较广泛。如对运输总量进行分组：

```
货运量总计
    铁路
        中央
        地方
    水运
        中央
        地方
    公路
        中央
        地方
客运量总计
    铁路
        中央
        地方
    水运
        中央
        地方
    公路
        中央
        地方
```

　　进行复合分组时,要先按照主要标志对总体进行第一次分组,然后按次要标志进行第二次、第三次分组。

【任务实施】

　　第六次全国人口普查中按照城市、镇、乡村进行总分组,分组后汇总出全国总的人口数据资料,在调查时是以户为单位进行登记的,又按照每户性质不同,分为了家庭户和集体户。以家庭成员关系为主、居住一处共同生活的人口,作为一个家庭户;单身居住独自生活的,也作为一个家庭户。相互之间没有家庭成员关系、集体居住共同生活的人口,作为集体户。

　　在户的下面又按性别进行分组,分为男和女。人口普查资料按照很多标志进行了分组。

相关链接——分组标志受历史条件与环境影响

　　研究工业企业的生产能力问题,在机械化程度低下的情况下,生产能力的大小主要取决于企业劳动力的数量,把职工人数作为反映企业生产能力的主要标志;但现代化工业企业随着机械化程度的提高,以固定资产作为企业生产能力的主要标志更合理。如果是在同一历史条件下,不同类型的经济部门或生产部门,分组标志也是不同的。例如,对劳动密集型企业选用职工人数说明其规模比较合适,对资金密集型和技术密集型企业则应选用固定资产或专利技术拥有量作标志更合适。

任务三　分配数列认知

【任务布置】

我国现在老龄化比较严重,政府为了缓解老龄化问题,已经全面放开二胎政策,政府的这一政策和我国人口普查结果是密不可分的,那么在第六次人口普查中,年龄构成是如何编制的分配数列呢?

【知识准备】

统计整理中,为了使整理后的资料更直观,通常将按某一标志进行分组后的总体再按一定的顺序进行排列,同时列出每个组的总体单位数,形成一个数列,称之为分配数列,或次数分配(分布),各组的总体单位数叫次数或频数。

一、分配数列的概念与种类

分配数列包含有两个组成要素,即分组和次数。分配数列根据标志的特征不同,可分为品质(属性)数列和变量数列。

按品质标志分组,观察总体各单位分配情况的分配数列叫品质数列,如工业统计中按经济类型分组的企业单位数。变量数列是按某一数量标志分组,观察总体各单位分配情况的分配数列,如按职工数分组的企业单位数。

变量数列又可分为不连续变量数列(或离散变量数列)和连续变量数列两类。不连续变量(离散变量)是指在其变动范围内的数值只能用整数表示,在两个相邻的变量值之间不能有其他数值,如职工人数、设备台数等;连续变量是指在其变动范围内的数值可以是任意值,如产品产量、职工工资等。对于连续变量数列,一般只能编制组距式的变量数列,每个组包含若干变量值;对于不连续变量数列,如果变量数目不多,可编成单项式变量数列,即以一个变量作为一个组(或每个组只包含一个变量),如果变量很多,也可以编制成组距式变量数列。

此外,还有静态数列和动态数列。前者亦称空间数列,反映同一时间条件下总体内部的数量分布,如同一时点上各省的人口数;后者亦称时间数列,反映同一总体在不同时间条件下的数量变化而形成的数量分布。统计工作中,还常常用到累积分布数列,它是将各组次数逐一累积而形成的分布数列,在后边我们将举例说明这种数列。

二、变量数列的编制

现举例说明单项式变量数列和组距式变量数列的编制。

【例3-2】 某工厂有100名工人,分为10个组,规定每人每天生产零件500件为完成定额,现有某一天每个工人的实际生产情况如下(单位:件):

一组:420　420　420　420　450　450　480　480　480　480
二组:540　540　540　540　540　540　540　540　540　540
三组:540　540　540　540　540　540　540　540　580　580

四组:520　520　520　520　530　500　500　500　500　500
五组:510　510　520　520　520　500　510　510　500　500
六组:530　530　530　540　620　620　620　620　720　720
七组:720　720　630　630　630　630　620　620　620　620
八组:650　650　650　650　650　650　650　650　650　650
九组:580　580　580　580　580　580　580　580　580　580
十组:580　580　580　580　580　650　650　620　630　630

如果对上述资料编制单项式变量数列,只要计算出每一变量值(如 420 件)所对应的工人数(如 4 人),然后将所有变量值按由小到大的顺序排列即可。见表3-4。

表 3-4　某工厂工人完成生产定额情况变量数列

(单项式)

按完成生产定额分组(件)	工人数(人)
420	4
450	2
480	4
500	8
510	4
520	7
530	4
540	19
580	17
620	9
630	6
650	12
720	4
合　计	100

如果编制组距式变量数列,先将所有工人完成的定额情况按完成件数分组,计算出每组包含的工人数,然后将每一组按由小到大或由大到小的顺序加以排列。见表3-5。

表 3-5　某工厂工人完成生产定额情况变量数列

(组距式)

按完成件数分组(件)	工人数(人)
500 以下	10
500~550	42
550~600	17
600~650	15
650~700	12
700 以上	4
合　计	100

　　如果要编制累积分布数列,可将表 3-5 中各组工人数逐一由低向高累积(称为高位制累积)或由高向低累积(称为低位制累积),见表 3-6。

表 3-6　某工厂工人完成生产定额情况累积分布数列

按完成件数分组(件)	工人数(人)	累积分布数列	
		高位制	低位制
500 以下	10	10	100
500～550	42	52	90
550～600	17	69	48
600～650	15	84	31
650～700	12	96	16
700 以上	4	100	4
合　计	100	—	—

　　具体编制变量数列时,要注意以下几个基本要素:

　　(1)组距与组数。组距是指每个组变量值中最大值与最小值之差,一般把最大值叫组的上限,最小值叫组的下限,则组距等于上限与下限之差,即组距＝上限－下限。如表 3-6 第二组的组距为 550－500＝50。

　　组数是指将某一变量数列划分为多少组。组数与组距是相互联系的,同一变量数列中,组数越多,则组距越小;反之,组数越小,则组距越大,两者成反比关系。

　　在编制组距数列时,确定组数和组距一般应遵循以下两个原则:一是要能区分总体内部各个组成部分的性质差别;二是要能准确清晰地反映总体单位的分布特征。

　　(2)等距数列与异距数列。在组距数列中,各组组距相等的数列,叫等距数列;各组组距不相等的数列,叫异距数列(或不等距数列)。

　　等距数列与不等距数列的概念和等距分组与不等距分组的概念是相互联系的。对于标志值的变动在各组之间相等的分组,即为等距分组,否则为不等距分组。因此,对于总体单位标志值变动比较均匀的情况,可采取等距分组;当总体单位标志值变动很不均匀、出现急剧增长或下降、波动较大时,应采取不等距分组。

　　在不等距分组中,如果标志值是按一定比例发展变化的,可以按等比例的组距间隔来分组。但更多的情况下采用不等距分组,要根据事物性质变化的数量界限来确定组距。如,研究人口总体在人生各发展阶段的分布,就需要按照人在一生中自然的和社会的发展规律采用不等距分组,因此我国在 1982 年第三次人口普查时,采用了如下的异距分组:不满周岁,1～3 岁,4～6 岁,7～12 岁,13～15 岁,16～17 岁,…,80～90 岁,100 岁以上。

　　(3)组限与组中值。组限是指每个组的两端标志值,每个组的起点值为下限(或最小值),终点值为上限(或最大值)。每个组的上限与下限的中点值叫组中值,即组中值＝(上限＋下限)÷2 或下限＋(上限－下限)÷2。如表 3-5 中,第二组的组中值为 (500＋550)÷2＝525 (件)或 500＋(550－500)÷2＝525(件)。组中值是代表各组标志值平均水平的数值,当各组内标志值均匀分布时,可用组中值代表各组标志值的平均水平,但当各组标志值不是均匀分布时,组中值只能近似代替各组实际平均值。

　　划分组限时,相邻组的上下限可以不重叠,也可以重叠。可以重叠时,与上限相等的标志值应该计入下一组,即"上限不在组内"。

实际进行分组时,往往会出现开口组,如表 3-5 中的第一组(500 以下)和第六组(700 以上)。一般情况下,按相邻组的组距来计算开口组的组限,即:首组开口的下限=首组上限-邻组组距,末组开口的上限=末组下限+邻组组距。如表 3-5 的第一组,其下限为 500-(550-500)=450。

(4)频数与频率。所谓频数,是指分配数列中各组的单位数,也称次数分布、次数。频数愈大,该组的标志值对总体标志水平所起的作用越大;反之,就小。因此,频数实际上是各组标志值的加权,用以权衡各组作用的大小。如表 3-5 中,完成件数在 500~550 件之间的人数为 42人,即该组的频数(次数)为 42,完成件数在 700 件以上的有 4 人,是各组中最小的频数。

频率是将各组的单位数(频数)与总体单位数相比,求得的用百分比表示的相对数,也称比率。如表 3-5 中,第一组的频率为(10÷100)×100%=10%,第二组的频率为 42%,等等。频率可反映出各组标志值对总体相对作用的强度和各组标志值出现概率的大小。按顺序列出各组标志变量和相应的频率,即称为变量分布,也称为统计分布。

三、变量分布(次数分布)的表示方法

表示变量分布的方法主要有列表法和图示法。

(1)列表法。

列表法是将次数分布以统计表的形式表示,如表 3-6 所示。

(2)图示法。

图示法在列表法的基础上,绘制分布图来表示次数分布,以便更直观地显示次数分布的特征。常用的表示次数分布的图形有直方图、折线图和曲线图。

①直方图。它是用来表示次数分布的一种条形统计图,见图 3-1。

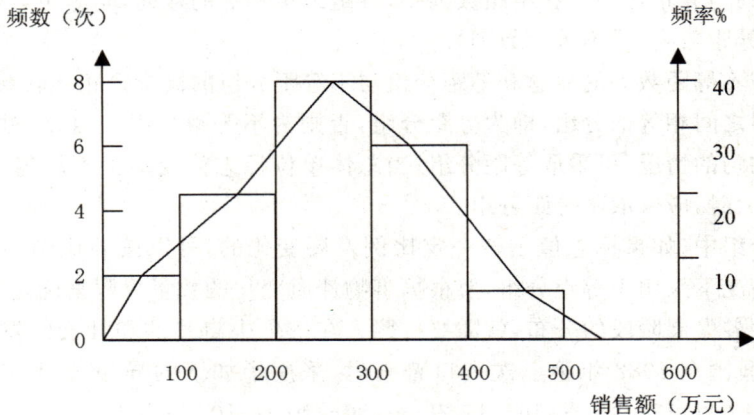

图 3-1　某公司 20 个售货小组销售额次数分布直方图及折线图

绘制直方图时,以直角坐标系的横轴表示变量,纵轴表示次数,也可表示频率。若需同时反映,可将左边横轴的垂线表示次数,右边的垂线表示频率,如图 3-1 所示。直方图的每个条形的宽度表示组距宽度,高度表示各组频数或频率。

直方图中的条形可以较清晰地显示出各组的分布情况。每组条形的面积与各条形面积和之比反映出各组次数占总次数的比重。

②折线图。它是将各组组中值上方高度等于频数或频率的点依次连接而形成的一种折线图形,如图 3-2 所示。

折线图的绘制方法有两种:一种是在直方图的基础上连接各条形上边的中点形成折线图(见图 3-1);另一种是在直角坐标系中以横轴表示变量,纵轴表示频数或频率,取各组组中值及对应的频数或频率的坐标点,将各坐标点依次连接而形成图形(见图 3-2)。

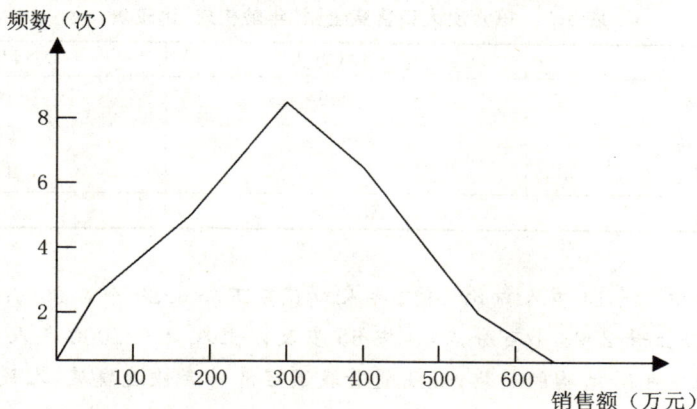

图 3-2 某公司 20 个售货小组销售额次数分布折线图

折线图两端点应与横轴连线,连线的方法应从折线端点连到横轴两边组距的中点位置上。例如,400 以上组的组中值为 450,频数为 1,该点为折线的端点,把它连接到横轴组距 500~600 组的中点位置上。左、右延长的这两部分线段,只是为了使图形更好地显示次数分布的类型,真正有意义的是给定的组中值描绘的那些点连成的折线。

③曲线图。当变量值数目很多,数列的组数也相应增多,组距非常小时,折线就近似地表现为一条平滑的曲线。假设已知的销售额不是以万元而是以元为单位,那就会形成相当多的组,这时就可以用曲线图表示其次数分布(见图 3-3)。

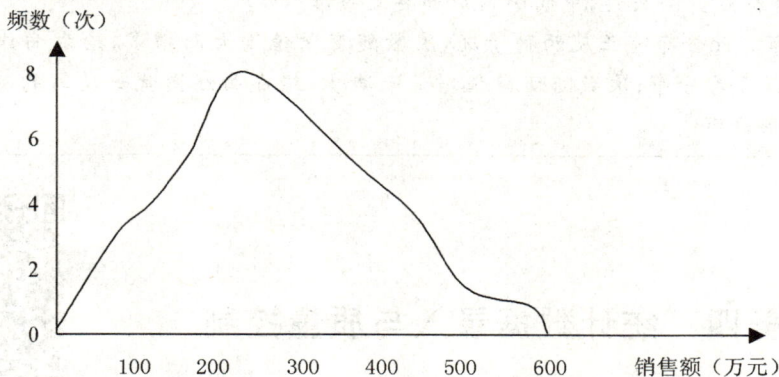

图 3-3 某公司 20 个售货小组销售额分布曲线图

变量分布是统计描述社会经济现象的一种重要方法,其中,以标志变量的平均值为中心,沿对称轴向两边发展,越接近中心,分配的次数越多,离中心越远,分配的次数越少,形成"两头小、中间大"的钟形分布曲线,叫正态分布或钟形分布,自然或社会现象中有许多变量分布都属于正态分布。

【任务实施】

根据我国人口分布,主要按年龄段划分为三个阶段,根据具体数据,编制分配数列,详见表3-7。

表 3-7　　第六次人口普查全国"年龄构成"比较表

按年龄分组	总人口(万人)	人口比重(%)
0～14 岁	22246	16.60
15～59 岁	93962	70.14
60 岁以上	17765	13.26
合　计	133973	100

这次人口普查中,0～14 岁人口比 2000 年人口普查下降 6.29 个百分点;60 岁及以上人口比 2000 年人口普查上升 2.93 个百分点,其中 65 岁及以上人口比 2000 年人口普查上升 1.91 个百分点。我国人口年龄结构的变化,说明随着我国经济社会快速发展,人民生活水平和医疗卫生保健事业的巨大改善,生育率持续保持较低水平,老龄化进程逐步加快。

相关链接——次数分布的一般特征

社会经济现象的次数分布曲线多种多样,变化多端,人们通过长期观察和总结,将其归纳为三种类型:

①钟形分布。较大变量值和较小变量值的分配次数都较少,中间变量值分布次数较多,绘制成曲线图形状宛如一口古钟,这时就可以称该现象的次数分布为钟形分布(或称正态分布、丘形分布)。

②U 形分布。与钟形分布恰恰相反,靠近中间的变量值分布次数少,靠近两端的变量值分布次数多,特征是:"两头大,中间小",形如英文字母"U"。

③J 形分布。此分布有正反两种情况,次数随变量值增大而增多,绘成曲线图形如英文字母"J",称为正 J 形分布;次数随变量值增大而减少,绘成曲线图犹如反写的英文字母"J",因而称为反 J 形分布。

任务四　统计数据录入与质量控制

【任务布置】

人口普查数据是为全国各地的区域发展、产业布局、生态建设、政府管理与公共服务提供规划和决策的科学依据。因此,人口普查数据质量的高低直接关系到政府各项政策措施的制定和执行效果。那么,都有哪些方法来为数据质量保驾护航呢?

【知识准备】

统计数据质量被称为统计工作的基石,它是贯穿于统计工作全过程的灵魂,数据质量的高低直接影响统计工作的成功与否,是统计工作的重中之重。随着统计信息的社会需求量越来越多,人们对统计数据质量的关心,已经完全超出了传统的准确性要求,而是涵盖了质量体系的方方面面。

一、人工审查

汇总是一个整理原始资料的过程。本任务着重介绍计算机汇总中的数据录入与质量控制方法。

数据的录入及其质量控制,是取得正确的综合统计资料的前提,也是整个汇总工作成败的关键,它包括以下几个方面:

1. 做好录入前的资料的登记与审查工作

审查工作主要包括检查每个被调查单位报送的资料是否完整,是否正确,即:应填的指标是否有遗漏,各项指标是否符合统计范围、计算方法、计算单位等方面的规定。

2. 资料的录入过程中,控制录入的质量

为了讲求录入工作的效率,又保证录入质量,在控制录入质量时,一般采取以下几种方法:①事先作好被调查单位的清查,防止错录。②重复录入法,即对每个单位的各项统计资料都重复录入两次或多次,由计算机对两次或各次录入的数据进行自动对照,如有不同,则由录入人员进行纠正。这种方法工作量较大,一般较少采用。③检验平衡法,就是在报表中设置检验指标的平衡项,在填报表时一起计算出来,随各项指标一并录入,然后命令计算机将有关指标数值相加与平衡项对照,如果两者相同,说明录入无差错;如果不同,则由录入人员查找原因并加以纠正。④预值控制,即对录入的一些编码和指标数据,事先规定一定的控制范围值,并编入程序,当录入的数据超出范围时,计算机不予接受。

二、利用计算机审查

用计算机审查统计资料,是控制数据质量的主要办法,一般有以下几种方法:

(1)逻辑性审查,是利用逻辑理论检查指标之间或数据之间有无矛盾。例如人口调查中,少年、儿童年龄段的居民,其文化程度不应是大学毕业以上,不应有婚姻状况等。

(2)比较审查法,主要审查数据之间的关系,规定各指标中分项指标必须小于或等于总计,某项指标等于某几项指标之和,某指标的数值必须大于或小于另一指标的数值,等等。例如,固定资产净值必须小于固定资产原值,一个地区的居民户数不能大于该地区居民人数等。

(3)设置疑问框审查,即利用指标之间存在的数量范围、比例关系进行审查,也称为比例审查法。例如,规定某两个指标的比值不小于 0.7,不大于 1.5,凡是在此比值范围内的数据,计算机认为是正确数据,否则认为是错误数据并显示出来。

(4)对成品资料的逻辑审查,也称大数审查,是指对计算机汇总出来的资料进行逻辑审查,一般是与上期资料进行对照研究。进行审查时,既要审查总计数据,也要审查分组资料,进行动态对比。

在利用计算机进行上述审查之后,如果发现数据质量问题,应及时处理。如果错误比较明显，又能找到正确数据，或者能找到被调查单位填报错误的分组标志，这时可直接进行修改；如果是不合逻辑有疑问的数据，又不能找到正确的数据，这时需向原填报单位查询；如果差错是由于原填报单位对指标理解不清或采用不正确的计算方法、统计范围而产生的，这时需向原填报单位讲明制度规定，要求他们重新填报。

【任务实施】

人口普查录入数据多，为了保证最终数据准确性，一定要采用层层把关、层层负责的制度。可以采用以下方法：①强化数据录入落实到人；②强化数据录入培训；③强化数据录入事前预防；④强化录入后及时审查、及时纠正。

相关链接——计算机网络技术在统计工作中应用的优缺点

目前，计算机网络技术已广泛应用于统计工作中，其具有的优点有：

(1)计算机的应用能够减少统计环节，提高工作效率。

(2)计算机处理速度快，提高了统计信息的时效性。

(3)计算机的应用减少误差，提高了统计数据质量。

(4)计算机的应用提高了信息共享性。

在利用计算机及计算机网络时也会出现一些缺点：统计人员实际操作水平要求高；开放的计算机网络技术条件下存在安全风险；不良管理和习惯有可能带来数据缺失的风险。

任务五　统计表的编制

【任务布置】

第六次人口普查，与 2000 年第五次人口普查相比，每十万人中具有大学文化程度的由 3611 人上升为 8930 人，具有高中文化程度的由 11146 人上升为 14032 人，具有初中文化程度的由 33961 人上升为 38788 人，具有小学文化程度的由 35701 人下降为 26779 人。请根据上述条件，编制出第六次人口普查与第五次人口普查中人口的受教育程度的对比统计表。

【知识准备】

统计资料整理的结果可以用不同的形式来表现。统计表是应用最广泛的形式。广义上的统计表包括统计工作各个阶段中所用的一切表格；狭义上的统计表是指统计整理与分析研究阶段所使用的表格。

一、统计表的概念

统计表就是指以纵横交叉的线条所绘制的表格来表现统计资料的一种形式。本任务侧重讨论统计整理与分析研究阶段所使用的表格。

统计表是表现统计资料的一种有效形式，它的主要优点有：

(1)阅读方便，一目了然，可在短时间内给人以明确的概念；

（2）通过合理、科学地排列统计资料，便于读者进行对照比较，从而发现现象之间的规律性；

（3）利用统计表便于汇总和审查；

（4）利用统计表也便于计算和分析。

二、统计表的构成和内容

（一）统计表的构成

从形式上看，统计表是由总标题、横行标题、纵栏标题和指标数值四部分构成。另外，有些统计表在表下还增加补充资料、注解、附记、资料来源、某些指标的计算方法、填表单位、填表人员以及填表日期等内容，见表 3-8。

表 3-8

我国 2015 年规模以上
工业企业单位数和资产总计 〕总标题

按登记注册类型分组	企业单位数 （个）	资产总计 （亿元）〕纵栏标题
国有企业	3234	71515
集体企业	2637	5093
股份合作企业	1136	940
联营企业	147	190
合　计	7154	77738

横行标题（左）　主词　　宾词　　指标数值（右）

资料来源：中华人民共和国国家统计局网站查询。

总标题是统计表的名称，用来简明扼要地说明全表的内容，一般写在表的上端中部；横行标题是统计表横行的名称，在统计表中通常用来表示各组的名称，它代表统计表所要说明的对象，一般写在表的左方；纵栏标题是统计表纵栏的名称，在统计表中通常用来表示统计指标的名称，一般写在表的上方；指标数值列在各横行标题与各纵栏标题交叉处，统计表中任何一个数字的含义都由横行标题和纵栏标题共同说明。

（二）统计表的内容

从统计表的内容看，可以分为两个组成部分：一部分是统计表所要说明的总体，它可以是各个总体单位的名称、总体的各个组，或者是总体单位的全部，这一部分习惯上称为主词；另一部分则是说明总体的统计指标，包括指标名称和指标数值，这一部分习惯上称为宾词。以表 3-8 为例，这个统计表说明的是我国 2015 年工业企业的状况，按登记注册类型分为四个组，并列有合计，这一部分就是主词；企业单位数、资产总值是指标名称，它和下边的指标数值一起称为宾词。

通常，统计表的主词列在横行标题的位置，宾词中指标名称列在纵栏标题的位置，但有时为了编排合理和阅读方便，也可以互换位置。

三、统计表的分类

（一）按作用不同分类

广义上的统计表有如下的种类：

（1）调查表：是指在统计调查中用于登记、搜集原始统计资料的表格。

（2）汇总表或整理表：是指在统计汇总或整理过程中使用的表格以及用来表现统计汇总或整理结果的表格。

（3）分析表：是指在统计分析中用于对整理所得的统计资料进行定量分析的表格。这类表格通常与整理表结合在一起，成为整理表的延续。

（二）按主词加工方法不同分类

（1）简单表：是指统计表的主词是总体部分或全部单位的直接排列。如表 3-9 所示的统计表就是一个简单表。

表 3-9　　我国 2012—2015 年国内生产总值　　　　　单位：亿元

年　份	国内生产总值
2012	540367.4
2013	595244.4
2014	643974.0
2015	685505.8

注：国内生产总值按当年价格计算。
资料来源：中华人民共和国国家统计局网站查询。

（2）简单分组表：是指统计表中的主词按照某一种标志进行分组而得到的表格。如表 3-7 所示的统计表就是一个简单分组表。

（3）复合分组表：是指统计表中的主词按照两个或两个以上的标志进行分组而得到的表格。如表 3-10 所示的统计表就是一个复合分组表。

表 3-10　　某年某市合作经营工业企业概况

	户　数	年末从业人员（人）	工业总产值（万元）	上缴税金（万元）
总计				
一、城市合作经营工业				
轻工业				
重工业				
二、乡村合作经营工业				
轻工业				
重工业				

附资料 3-1

"剩女"和潜力巨大的相亲市场

数据给人的感觉都是抽象的、冷冰冰的、拒人于千里之外的。因此，必须对数据进行一个系统的整理,才能更好地达到数据最终的用途。

"剩女"一词是新社会产生的,普遍指的是大龄未婚并且没有交往对象的女青年。她们大多受过良好教育,气质优雅、谈吐不俗、工作稳定。在这个眼球经济的年代,"剩女"一方面承担着在寻找另一半路上的孤独,另一方面承担着外界甚至亲人的压力。

2012 年 12 月,国家人口计生委培训交流中心和世纪佳缘网站联合发布了《2012—2013 年中国男女婚恋观调查报告》。调查采用了网络调查手段和定量分析的方法。

调查收集到有效样本 85498 个,其中女性占 49%,形成了以下有意思的结论:

(1)把自己当成"剩女"的女性当中,以 70 后和 80 后为主。各年龄段的占比分别为:3.2%(90 后)、37.5%(80 后)、37.4%(70 后)、13.1%(60 后)和 8.8%(60 前)。

(2)学历越高变成"剩女"的可能性越大。各学历层次的占比分别是:10.92%(高中及以下)、15%(大专)、26.08%(本科)和 48%(硕、博)。详见图 3-4。

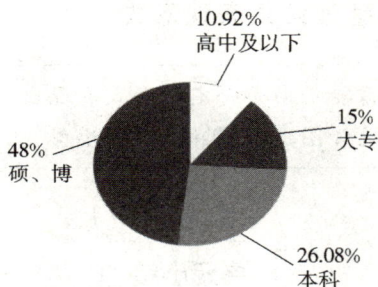

图 3-4 "剩女"学历所占比重

(3)盛产"剩女"的职业第一名是:设计。各大类职业的具体占比为:18%(设计)、15%(金融会计)、14%(媒体)、14%(美容)、14%(自由职业)、11%(医药)、11%(营销)、2%(公务员)和 1%(教师)。见表 3-11。

表 3-11 "剩女"的职业结构表

学 历	比重(%)
设计	18
金融会计	15
媒体	14
美容	14
自由职业	14
医药	11
营销	11
公务员	2
教师	1
合 计	100.00

"剩女"被热议的同时,人们应该看到还有很多"剩男"存在。这一切背后隐藏了一个拥有巨大潜力的市场。一系列的调查数据可以为开发相应的市场奠定基础。以《非诚勿扰》为例,节目自开播以来收视率一直很高。

【任务实施】

根据统计的数据和说明，可以整理成简单清晰的统计表形式，使得数据更直观。见表3-12。

表 3-12　　每十万人中的受教育情况统计表

文化程度	第六次人口普查	第五次人口普查
大学	8930	3611
高中	14032	11146
初中	38788	33961
小学	26779	35701
其他	11471	15581

相关链接——统计资料整理结果表现形式

统计资料整理的最终结果需要借助于一定的形式表现出来，以便人们阅读和使用。统计资料表现形式有五种：统计表、统计图、统计报告、统计模型、统计数据库。

单元小结

● 统计整理是统计工作过程的一个重要环节，它是根据统计研究的任务与要求，对调查所取得的各种原始资料，进行审核、分组、汇总，使之系统化、条理化，从而得到反映总体特征的综合资料。

● 统计整理的主要内容包括对统计资料的审核、分组、汇总和编制统计表。

● 统计资料根据统计工作的条件与要求不同，有传统报送、计算机数据处理和远程传输报送、磁介质报送等多种方式。

● 统计分组的概念要注意统计分组的对象是总体；统计分组应有分组标志；统计分组对总体而言是"分"，对总体单位而言是"合"。

● 统计分组的关键是选择分组标志与划分各组界限。

● 统计分组体系是根据统计分组的要求，对同一总体进行多种不同分组而形成的体系，体系中的各种分组相互联系相互补充，可以加深人们对社会经济现象的认识。

● 分配数列包含两个组成要素，即分组和次数。分配数列根据标志的特征不同，可分为品质（属性）数列和变量数列。

● 表示变量分布的方法主要有列表法和图示法。

● 数据的录入及其质量控制，是取得正确的综合统计资料的前提，也是整个汇总工作成败的关键。

● 统计表从形式上看，由总标题、横行标题、纵栏标题和指标数值四部分构成。

复习思考题

一、思考题

1. 统计整理的涵义是什么？
2. 简述统计分组的概念和作用。
3. 统计分组中选择分组标志的原则有哪些？
4. 确定分组标志以后，具体分组的方法有几种？
5. 简述分配数列的种类。
6. 具体编制变量数列时，需要注意的基本要素有哪些？
7. 简述统计表的分类。

二、理论测试题

（一）单选题

1. 将统计总体按一定的标志区分为若干个组成部分的统计方法是（　　　）。

A. 统计整理　　　　　　　　　　B. 统计分析
C. 统计调查　　　　　　　　　　D. 统计分组

2. 采用两个或两个以上的标志对社会经济现象总体分组的统计方法是（　　　）。

A. 品质标志分组　　　　　　　　B. 复合标志分组
C. 混合标志分组　　　　　　　　D. 数量标志分组

3. 按国民收入水平分组是（　　　）。

A. 品质标志分组　　　　　　　　B. 数量标志分组
C. 复合标志分组　　　　　　　　D. 混合标志分组

4. 分组标志一经选定（　　　）。

A. 就掩盖了总体在此标志下的性质差异　　B. 就突出了总体在此标志下的性质差异
C. 就突出了总体在其他标志下的性质差异　　D. 就使得总体内部的差异消失了

5. 划分连续变量的组限时，相邻组限必须（　　　）。

A. 相等　　　　　　　　　　　　B. 不等
C. 间断　　　　　　　　　　　　D. 相差 1

6. 有 20 个工人看管机器台数资料如下：2,5,4,4,3,4,3,4,4,2,2,4,3,4,6,3,4,5,2,4，按以上资料编制分配数列，应采用（　　　）。

A. 单项式分组　　　　　　　　　B. 等距分组
C. 不等距分组　　　　　　　　　D. 以上几种分组均可

7. 在全距一定的情况下，组距的大小与组数的多少（　　　）。

A. 成正比　　　　　　　　　　　B. 成反比
C. 无比例关系　　　　　　　　　D. 有时正比有时反比

8.统计整理是(　　　)。

A.统计分析的前提,统计调查的继续　　B.统计研究的初始阶段

C.统计研究的最终阶段　　　　　　　D.统计调查的前提,统计分析的继续

9.按组距式分组(　　　)。

A.不会使资料的真实性受到损害　　　B.会增强资料的真实性

C.会使资料的真实性受到一定影响　　D.所得的资料是虚假的

10.复合分组是(　　　)。

A.用同一标志对两个或两个以上的总体层叠起来进行分组

B.对某一总体选择一个复杂的标志进行分组

C.对同一总体选择两个或两个以上的标志层叠起来进行分组

D.对同一总体选择两个或两个以上的标志并列起来进行分组

(二)多选题

1.统计分组的作用是(　　　)。

A.划分社会经济现象的类型　　　　　B.研究现象结构

C.分析现象之间的依存关系　　　　　D.发现经济现象的特点与规律

2.下列分组中按品质标志分组的有(　　　)。

A.职工按工龄分组　　　　　　　　　B.科技人员按职称分组

C.人口按民族分组　　　　　　　　　D.企业按所有制分组

E.人口按地区分组

3.组距数列中,影响各组次数分布的要素是(　　　)。

A.总体单位数的多少　　　　　　　　B.变量值的大小

C.组距　　　　　　　　　　　　　　D.组数

4.在组距数列中,组中值(　　　)。

A.是上限和下限之间的中点数

B.是用来代表各组标志值的平均水平

C.在开放式组中无法确定

D.在开放式组中,可以参照邻组的组距来确定

E.就是组平均数

5.统计分组是(　　　)。

A.在统计总体内进行的一种定性分类

B.在统计总体内进行的一种定量分类

C.将同一总体区分为不同性质的组

D.把总体划分为一个个性质不同的,范围更小的总体

6.统计分组(　　　)。

A.是一种统计方法　　　　　　　　　B.对总体而言是"组"

C.对总体而言是"分"　　　　　　　　D.对个体而言是"组"

E.对个体而是"分"

7.按分组标志性质的不同,分配数列可分为(　　　)。

A.按品质标志的分组　　　　　　　　B.按数量标志的分组

C. 按辅助标志的分组　　　　　　　　　　　　D. 按主要标志的分组

8. 组距数列中的组距是指(　　　)。

A. 变量数列中最大标志值与最小标志值之差

B. 每组的最大标志值与最小标志值之差

C. 每组上下限之差

D. 后一组的上限与前一组下限之差

E. 各组中两个极端标志值之差

9. 下面属于连续型变量的是(　　　)。

A. 废品数量(个)　　　　　　　　　　　　　　B. 每头奶牛挤奶量

C. 商店个数　　　　　　　　　　　　　　　　D. 工业总产值

10. 下面属于变量分配数列的是(　　　)。

A. 学生按年龄分组　　　　　　　　　　　　　B. 饮食业按类型分

C. 电站按发电能力分　　　　　　　　　　　　D. 发行电影片按科类分

(三)判断题

1. 经过分组,对总体实行了同质分解,而对总体单位实行了异质组合。　　　(　　)

2. 逻辑审核就是从指标计算方法和计算结果上审查有无错误。　　　　　　(　　)

3. 统计分组主要问题是正确选择分组标志。　　　　　　　　　　　　　　(　　)

4. 简单分组和复合分组可以放在同一张表中。　　　　　　　　　　　　　(　　)

5. 纵栏标题通常用来表达总体及其总体各个组名称。　　　　　　　　　　(　　)

6. 今有工人按工龄(年)的分配数列,变量是工人数;今有工厂按工人数的分配数列,频数是工人数。　　　　　　　　　　　　　　　　　　　　　　　　　　　　　(　　)

7. 统计分组就是将总体中那些性质相同的部分归为一部分,把不同性质的单位归为一部分。　　　　　　　　　　　　　　　　　　　　　　　　　　　　　　　　(　　)

8. 由于组中值是上下限和的一半,所以,开口组无法计算组中值。　　　　　(　　)

(四)计算题

1. 某机械厂第一季度工作按日产机器零件数分组资料,见表 3-13。

表 3-13　某机械厂第一季度工作按日产量分组资料

按日产量分组(件)	工人数(人)
8	10
9	30
10	60
11	70
12	50
13	22
14	8
合　计	250

根据资料回答问题:

(1)这是一个什么分配数列?

（2）指出变量、变量值、次数所在位置。

（3）计算各组工人数所占比重。

（4）计算频率，并进行次数和频率的向上累计，向下累计。

2. 某地区工业企业按职工人数分组如下：

> 100 人以下
>
> 100～499 人
>
> 500～999 人
>
> 1000～2999 人
>
> 3000 人以上

说明分组标志的变量是离散型的还是连续型的，属于什么类型的组距数列。

3. 下面是某公司工人月收入水平分组情况和各组工人数情况，见表 3-14。

表 3-14　某公司工人月收入和各组工人数

月收入（元）	工人数（人）
500 以下	20
500～600	30
600～700	50
700～800	15
800～900	10
900～1000	10
1000 以上	5

指出这是采用了什么分组方式，每组的上限和下限，并计算各组的组中值和频率。

Excel 统计功能应用:绘制统计图

试将 2015 年中国城镇居民家庭基本情况数据应用 Excel 绘制柱形图。具体操作步骤如下：

（一）导入数据

具体操作步骤如下：

1. 登录相关网站，查找数据。登录国家统计局网站 http://www.stats.gov.cn，先在网站中点击"统计数据"，打开新页面后点击"年度数据"，在"综合"项目中选取 2015 年，点击"检索"，即可看到《2015 中国统计年鉴》。打开第十章人民生活"10-5 城镇居民家庭基本情况"统计资料。

2. 复制该资料，并以记事本格式保存。

3. 新建 Excel 文档，并以"城镇居民家庭基本情况表. xls"文件名保存。

4. 导入数据。打开"城镇居民家庭基本情况表. xls"工作表，点击"数据"菜单，选择"导入外部数据"选项中的"导入数据"。

5. 按照指定操作程序导入数据，完成城镇居民家庭基本情况表的制作。若想"转置"文档排列格式，可点击"选择性粘贴"来完成。然后再应用 Excel 绘制柱形图。

(二)绘制柱形图

1.打开"城镇居民家庭基本情况表.xls"工作表。

2.点击菜单栏内的"插入"图标,在 Excel 的"插入"菜单中选择"图表"选项,Excel 会启动图表向导,弹出"图表向导"对话框。在"图表类型"列表中选择"柱形图",在"子图表类型"列表中选择"簇状柱形图",单击"下一步"按钮,进入"图表源数据"对话框。

3.在这步中,主要是选择"数据区域"和"系列",以确定"图表数据源"。

(1)对"数据区域"的处理。单击"数据区域"右端的"压缩对话框"按钮,打开工作表,在工作表上将鼠标指向单元格 B3,按下鼠标左键,拖拽至 D7 单元格,再单击"压缩对话框"按钮,回到"图表数据源"对话框。确定 B3:D7 单元格作为此图的数据源,同时,也应注意数据系列是以行还是以列方式排列,本题数据按列排列。

(2)对"系列"的处理。在"图表源数据"对话框中,点击"系列"图标,该对话框可用来对选取的数据区域(数据"系列")进行增、删、改的处理。

①修改"系列"名称。操作方法是:用鼠标点击"系列 1",并在"名称(N)"后面的方框内输入数据项目名称"食品"。同理,依次将"系列 2"和"系列 3"命名为"衣着"和"居住"。

②添加或删除"系列"。以添加"医疗保健"数据为例。操作方法是:先点击"系列"对话框下部的"添加"图标,系列 4 就是准备添加的新数列。然后在"名称"后面的方框内输入"医疗保健"(或按下"压缩对话框",鼠标点击 F2 单元格),再在"值"后面的方框内输入"＝城镇居民家庭基本情况！＄F＄3:＄F＄7"(或按下压缩对话框,鼠标点击 F3 单元格,并继续拖拽到 F7 单元格)。最后在"分类轴标志"后面的方框内输入"＝城镇居民家庭基本情况！＄A＄3:＄A＄7"(或按下压缩对话框,鼠标点击 A3 单元格,并继续拖拽到 A7 单元格)。

(3)完成图表源处理后,点击"下一步"按钮,出现"图表选项"对话框。在该对话框内,选中"标题"图标,便有一个预览的图形。

4.在"图表标题"下面的方框内输入"2015 年中国城镇居民家庭基本情况柱形图",在"分类轴"下面的方框内输入"时间",在"数值轴"下面的方框内输入"支出额"。"坐标轴""网络线""图例""数据标志""数据表"等内容都可以选取系统默认状态设置或根据制图要求做适当调整。最后点击"下一步"按钮,出现"图表位置"对话框,确定图表位置,点击"完成"按钮。

5.将鼠标光标放在支出额文字位置,屏幕会出现"数值轴标题",这时再用鼠标右键点击该位置,会出现"坐标轴标题格式",点击它。然后在"坐标轴标题格式"的"对齐"对话框内将"文字"度数选择为 0;在"字体"对话框内将字号选择"9",点击"确定"。

6.将鼠标光标放在支出额数字位置,屏幕会出现"数值轴",这时再用鼠标右键点击该位置,同样会出现"坐标轴标题格式",点击它。然后将刻度图标选中,将"最小值"设为 0,"最大值"设为 4000,"主要刻度单位"设为 1000,"次要刻度单位"设为 200,"分类轴交叉于"选择 0,"显示单位"选择"千",点击"确定"按钮,就会出现我们绘制的柱形图。

第三编　国民经济中常用具体指标介绍

单元四　统计综合指标

任务一　总量指标认知

4-1

【任务布置】

　　就业人口按三次产业分统计情况见表 4-1,根据本任务学习的总量指标概念及分类,判断出表中指标是否属于总量指标? 如果属于,请指出属于哪一类别的总量指标?

表 4-1　就业人员按三次产业分统计表

指　　标	2015 年	2014 年	2013 年	2012 年
就业人员（万人）	77451	77253	76977	76704
第一产业就业人员（万人）	21919	22790	24171	25773
第二产业就业人员（万人）	22693	23099	23170	23241
第三产业就业人员（万人）	32839	31364	29636	27690

【知识准备】

广泛地说，所有统计指标都可以称之为综合指标，因为它们都是对大量资料加以综合汇总的结果。但这里所指的统计综合指标并不是一般意义上的综合指标，而是指基本的综合指标。基本综合指标是对原始资料直接或初次汇总的综合指标，它反映总体基本的数量特征。基本的综合指标按其性质不同，又可以分为总量指标、相对指标、平均指标、标志变异指标四类，分别反映现象的规模、水平、结构、比例、集中、分散等数量特征。

一、总量指标的概念、种类和作用

总量指标是反映社会经济现象在一定时间、空间条件下的总规模或总水平的最基本的综合指标，用绝对数表示。例如：总体为北京市规模以上工业企业，2014 年北京市规模以上工业企业单位数 3686 个，工业总产值 18452.9 亿元，其中：轻工业产值 2568 亿元，重工业产值 15884.9 亿元。这些都是总量指标，它们反映了 2014 年北京市规模以上工业企业的总规模及总水平。

总量指标的分类标准有两个：一是按内容分，一是按时间分。

1. 总体单位总量指标和总体标志总量指标

总量指标按其反映的内容不同可分为总体单位总量指标和总体标志总量指标。总体单位总量指标是总体单位数的总和，它说明总体本身规模的大小。如前述 2014 年北京市规模以上工业企业单位数，是通过对总体单位的计数得到的，为总体单位总量指标。总体标志总量指标反映的是总体内各个单位某一数量标志值的总和。如前述 2014 年北京市规模以上工业企业工业总产值、轻工业产值、重工业产值。

单位总量和标志总量是相对的，随着总体的变化，单位总量可以变为标志总量，或标志总量变为单位总量。例如在一个学校总体中，学生数是单位总量，而学生成绩总分则是标志总量。但研究一个地区学校的规模时，学校数成为单位总量，而学生数成为标志总量。

2. 时期指标和时点指标

总量指标按其反映的时间状况不同，分为时期指标和时点指标。时期指标是反映总体在某一段时期内累计规模的总量指标。如：2014 年北京市社会消费品零售总额为 9638 亿元，固定资产投资额为 7562.3 亿元，这些就是时期指标。时点指标是反映总体在某一时刻状态上规模的总量指标。例如，期末物资库存、年底人口数、企业固定资产数。

时期指标和时点指标的区别在于：

(1)时期指标数值的大小和时间的长短成正比，时间越长，时期指标数值越大，反之则越小；时点指标数值的大小与时点间的间隔长短无直接关系。

(2)时期指标的各期数值可以相加，表示现象在更长时期内发生的总量；时点指标的数值不能相加,因为相加的数值没有实际意义。

总量指标的作用在于:

第一,总量指标能够反映社会经济发展规模、国情国力和生产建设成果,是进行宏观经济调控、制定经济发展政策的重要依据之一。

第二,总量指标是计算相对指标和平均指标等其他形式统计指标的基础。

二、总量指标的计量单位和计算原则

总量指标的数值不是抽象的数量,而是一定社会经济现象的数量表现,因而,它有相应的计量单位。正确地确定总量指标的计量单位,才能准确反映社会经济现象的规模或水平,保证不同时期、不同地区同类总量指标的统一性和可比性。根据总量指标所反映的社会经济现象的性质不同,计量单位一般有实物单位、价值单位、劳动时间单位三类。

1.实物单位

实物单位是指根据事物的自然属性和特点而采用的自然单位、度量衡单位、复合单位、标准实物单位。

自然单位是按照被研究事物的自然状况来度量其数量的计量单位。如人口数以"人"为单位,设备数以"台"为单位,轮船以"艘"为单位等。度量衡单位是按照统一的度量衡制度的规定来度量其数量的计量单位。如煤炭以"吨"为单位,木材以"立方米"为单位,布以"米"为单位。复合单位是用两种实物单位结合在一起度量某种事物在特定情况下的数量关系的一种尺度。如以"吨公里"表示货物运输的周转量,以"千瓦时"表示发电量等。标准实物单位是按照统一折算的标准来度量被研究现象数量的计量单位。如各种不同发热量的能源折合为 7000 大卡/公斤的标准煤计量,各种不同型号的拖拉机折合为 15 马力/台的标准台计算。

按实物单位计量的指标的最大特点是它直接反映产品的使用价值或现象的具体内容,因而能够具体地表明事物的规模和水平,所以在实际工作中得到广泛的应用。但实物单位指标也有局限性,即指标的综合性能比较差,不同的实物,性质不同、计量单位不同,无法进行汇总,因此不能用来反映现象的总规模和总成果。

2.价值单位

它是用货币来度量事物的数量的计量单位。如国民生产总值、工资总额、固定资产投资额等指标的价值计量单位用元、万元、亿元表示。

按价值单位计量的指标最大的特点是它具有最广泛的综合性和概括能力,可以表示现象的总规模和总水平。但它脱离了物质内容,比较抽象,有时甚至不能正确反映实际情况。因此,常常需要把价值指标和实物指标结合起来应用。价值指标按计算价格的不同分为两种:一是按现行价格计算的价值指标,反映现象实际的水平,是研究国民经济现实经济关系和一些重要比例的依据;二是按不变价格计算的价值指标,它消除了价格变动因素的影响,可以真实地反映事物发展的水平和规模。

3.劳动时间单位

它是用劳动时间来度量事物的数量,如工日、工时等。

4.总量指标的计算原则

第一,科学地确定总量指标的含义、计算范围,才能保证总量指标计算的准确性。

第二,计算总量指标必须注意其计算口径、计算方法和计量单位的统一,才能进行汇总计算。

【任务实施】

就业人口按三次产业分统计表中的统计指标有就业人员、第一产业就业人员、第二产业就业人员和第三产业就业人员,这四个指标都属于统计综合指标中的总量指标。反映的都是相应的年限内全国各个产业就业人员的水平,是用绝对数表示的;按总量指标反映的内容不同,属于总体单位总量指标;按其反映的时间状况不同,都属于时点指标。

相关链接——总量指标的计算方法

总量指标的计算方法有直接计量法、推算和估算法。常用的推算方法有:因素关系推算法、比例关系推算法、平衡关系推算法。估算方法是指运用抽样推断的方法估算总量指标。

任务二　相对指标认知

【任务布置】

飞达公司是一家食品公司,下设了甲、乙、丙三个工厂,2016年的产值资料如表4-2所示,请运用相对指标的知识,计算出表中所缺数值,为公司的经营分析奠定基础。

表4-2　飞达公司2016年的产值资料

厂　别	本年计划		本年实际产值（万元）	完成计划（%）	上年实际产值（万元）	本年实际与上年之比（%）
	产值	比重				
甲	105		112		92	
乙	160				100	130
丙					96	200
合　计	500	100				

【知识准备】

社会经济生活中,一事物与他事物之间及事物本身内部是互相依存、互相制约的。要深入了解事物的本质,不仅要了解事物总体的特征,还要从事物总体内各部分之间及与其他事物的关联程度的角度进行深入研究,以认识事物的本质和规律。

一、相对指标的概念和作用

相对指标就是应用对比的方法,来反映社会经济现象中某些相关事物间数量联系程度的综合指标,其表现形式为相对数。计算相对指标的基本公式为:

$$相对指标=\frac{比数}{基数}$$

作为分母的基数,是用来作为比较标准的指标;作为分子的比数,是用来与基数对比的指标。

相对指标数值的计量形式有两种:一种是复名数,即以分子分母的复合单位计量;另一种是无名数。大部分相对指标都是无名数,通常以百分数、千分数、系数或倍数、成数等表示。

百分数:将对比的基数抽象化为 100 而计算出来的相对数,通常用"%"表示。

千分数:将对比的基数抽象化为 1000 而计算出来的相对数,它适用于比数比基数小很多的情况,通常以"‰"表示,如人口出生率、死亡率均用千分数表示。

系数或倍数:将对比的基数抽象化为 1 而计算出来的相对数。系数常用于对比的比数与基数差别不大的情况,如工资等级系数。倍数则用于比数与基数相差很多时,一般是比数远远大于基数,如 2015 年北京人均国内生产总值 106497 元是 2011 年北京人均国民生产总值 81658 元的 1.3 倍。

成数:将对比的基数抽象化为 10 而计算出来的相对数。例如,今年粮食产量比去年增产一成,即增产 1/10。

相对指标的作用:

第一,可以反映现象之间的相互联系程度,说明总体现象的质量、经济效益和经济实力的情况。例如用商品流通费与商品销售额对比计算的商品流通费用率指标,可以反映商品流通费与商品销售额之间相互联系的关系,说明商业企业工作的质量和经营管理水平以及商业企业经济效益的状况。

第二,利用相对指标可以使原来不能直接相比的数量关系变为可比,有利于对所研究的事物进行比较和分析。

在表 4-3 中,这两个厂生产的产品不同,表中的绝对数只能分别反映两个厂的水平、规模,但两个厂无法进行比较。若利用这些绝对数计算一些相对指标,如表 4-4 所示,就可以比较了。从表中可以看出,棉纺织厂在生产增长和完成计划方面都比毛线厂好。

表 4-3　棉纺织厂和毛线厂产量

	单　位	2016 年上半年实际数	2016 年下半年	
			计划数	实际数
某棉纺织厂棉布产量	万米	88	100	106
某毛线厂毛线产量	万公斤	50	54	56

表 4-4　棉纺织厂和毛线厂完成情况

	2016 年下半年实际数 与上半年实际数之比(%)	2016 年下半年计划 完成情况(%)
某棉纺织厂棉布产量	120.45	106.0
某毛线厂毛线产量	112.00	103.7

第三,相对指标可以表明事物的发展程度、内部结构以及比例关系,为人们深刻认识事物提供依据。

二、相对指标的种类和计算原则

相对指标由于研究的目的和对比基础的不同,形成许多不同的相对数。归纳起来有两类:一是同一总体内部之比,二是两个总体之间对比。

(一)同一总体内部之比的相对指标

属于同一总体内部之比的相对指标有:计划完成程度相对指标、结构相对指标、比例相对指标、动态相对指标四种。

1. 计划完成程度相对指标

计划完成程度相对指标是某一段时期内同一总体的实际数和计划数对比的相对数,通常用百分数表示。其计算公式为:

$$计划完成程度相对指标 = \frac{实际完成数}{计划数} \times 100\%$$

它是统计工作中最常用的相对数,用来检查和分析计划执行的进度和均衡程度,反映计划执行的结果,并作为编制下期计划的参考。在计算时,要求分子、分母在指标的内容、范围、计算方法、计算单位及时间长度等方面完全一致。

【例 4-1】 某工厂 2016 年计划工业总产值为 250 万元,实际完成 275 万元,其计划完成程度为:

$$工业总产值计划完成程度 = \frac{275}{250} \times 100\% = 110\%$$

该厂 2016 年工业总产值超额 10% 完成计划。

【例 4-2】 某企业计划 2016 年劳动生产率比 2015 年提高 10%,2016 年实际比 2015 年提高 15%。

$$劳动生产计划完成程度 = \frac{(100+15)\%}{(100+10)\%} \times 100\%$$

$$= \frac{115}{110} \times 100\% = 104.5\%$$

该企业劳动生产率超额 4.5% 完成计划。

由于计划任务的要求不同,对计划完成程度的评价也就有所不同。若计划是以最低限额规定的,如产量、产值、劳动生产率、利润等,一般来说,计划完成程度指标以等于或大于 100% 为好,大于 100% 的部分为超额完成计划部分,如以上两例所示。若计划指标是以最高限额规定的,如单位成本、商品流通费等,则计划完成程度指标以小于或等于 100% 为好,小于 100% 部分为超额完成部分。

【例 4-3】 某厂甲种产品单位成本计划降低率为 4%,实际成本降低率为 6%,则:

$$成本计划完成程度 = \frac{(100-6)\%}{(100-4)\%} \times 100\%$$

$$= 94\%/96\% = 97.9\%$$

该厂甲种产品的单位成本超计划降低 2.1%。

计划完成程度指标只反映计划执行的结果,在分析计划执行情况中,还要检查计划执行的进度和均衡程度,这就需要计算计划执行进度指标。

计划执行进度指标用于检查计划执行过程与时间进度的要求适应与否,一般来说,时间过半,完成任务量也过半。计划执行进度指标可以逐日、逐旬、逐季地检查计划的执行情况,反映计划执行的均衡性。它是用计划期中某一段时期的实际累计完成数与计划期全期计划数进行对比。其计算公式为:

$$计划执行进度=\frac{某段时间实际累计完成数}{计划期全期计划数}\times100\%$$

【例 4-4】 假定某管理局有三个企业,已知 2016 年第三季度各企业计划产值和实际完成产值、全年计划总产值和累计至第三季度止总产值的资料如表 4-5 所示。

表 4-5　某管理局相关资料　　　　　　　　单位:万元

企　业	计划总产值		第三季度总产值	第三季度完成产值计划(%)	累计至第三季度止总产值	至第三季度止完成年产值计划(%)
	全年	其中第三季度				
	(1)	(2)	(3)	(4)=(3)/(2)	(5)	(6)=(5)/(1)
甲	4000	1000	1056	105.6	3048	76.2
乙	1500	400	400	100.0	1113	74.2
丙	500	120	114	95.0	340	68.0
合　计	6000	1520	1570	103.3	4501	75.0

根据计算,第(4)栏表明整个管理局第三季度超额完成生产计划 3.3%,其中甲企业超额完成计划 5.6%,而丙企业没有完成计划。第(6)栏表明,该管理局截至第三季度已完成全年总产值计划的 75%,正好是全年计划的 3/4,按平均生产的要求是合适的。但各企业的生产计划执行过程仍是不平衡的,丙企业只完成全年计划的 68%。由此可见,丙企业生产计划的执行是管理局的薄弱环节。

在分析长期计划(如国民经济五年计划、十年计划)的执行情况时,由于计划规定任务数有不同的性质,有的任务数是按全期应完成的总数来规定的,有些任务则是规定计划期末所应达到的水平。因而,产生了两种不同的检查分析方法。一种叫做累计法,一种叫做水平法。

第一种,累计法。适用于计划指标是按计划全期累计应完成的总量规定的情况,如基本建设投资计划、造林面积计划、新增生产能力计划等。用累计法检查长期计划完成情况的计算公式为:

$$计划完成程度=\frac{计划期实际累计完成数}{计划期规定的计划累计数}\times100\%$$

【例 4-5】 某地区在"十一五"计划期间规定 5 年累计植树造林 10 万亩,实际 5 年累计完成 12 万亩。则:

$$计划完成程度=\frac{12}{10}\times100\%=120\%$$

该地区植树造林超额完成计划 20%。

按累计法检查计划执行情况,将计划全部时间减去自计划执行之日起至累计实际数量已达到计划任务的时间,即为提前完成计划时间。

第二种,水平法。适用于计划指标是按计划末期应达到的水平制定的情况,如产量、社会商品零售额、工业总产值等。其计算公式为:

$$计划完成程度=\frac{计划期末实际达到的水平}{计划期末规定应达到的水平}\times100\%$$

【例 4-6】 某地区在"十一五"期间计划某产品年产量最后一年应达到 50 万吨,最后一年实际产量达到 58 万吨,则:

$$计划完成程度=\frac{58}{50}\times100\%=116\%$$

该地区的某产品最后一年产量超额完成计划 16%。

按水平法检查计划执行情况,计算提早完成计划的时间,是根据连续一年时间的产量和计划规定最后一年的产量相比较来确定的。

2.结构相对指标

社会经济现象是一个有机联系的总体,它由许多部分组成。人们要认识总体,不仅要了解其总量,更重要的是认识其内部的组成状况,分析构成总体的各个部分占总体的比重,以提示事物的性质及其由量变到质变的过程。

结构相对指标是利用分组法,将总体区分为不同性质的各个部分,以部分数值与总体数值对比求得的比重或比率来反映总体内部组成状况的综合指标。其计算公式为:

$$结构相对指标=\frac{总体部分数值}{总体总量}\times100\%$$

例如,2015 年我国国内生产总值构成状况见表 4-6。

表 4-6　2015 年我国国内生产总值构成状况

	国内生产总值(亿元)	国内生产总值构成(%)
第一产业	60870.5	8.9
第二产业	280560.3	40.9
第三产业	344075	50.2
合　计	685505.8	100.00

3.比例相对指标

总体内部各个组成部分之间存在着一定的联系,并在客观上保持着适当的比例。比例相对指标是反映总体中各组成部分之间数量联系程度和比例关系的综合指标,它是总体内部各不同部分的数值进行对比的比值。其计算公式为:

$$比例相对指标=\frac{总体中某一部分数值}{总体中另一部分数值}$$

【例 4-7】 某地区人口数为 500 万人,其中男性人口 260 万人,女性为 240 万人,则性别比例为:

$$性别比例=\frac{男性人口数}{女性人口数}=\frac{260}{240}=108.33\%$$

比例相对指标还可以反映社会经济的重大比例关系,如积累与消费、进口与出口、轻工业与重工业等之间的关系,判断比例关系是否协调,以促进国民经济协调发展。

4.动态相对指标

动态相对指标是同一总体中同一指标在不同时间上的数值之比。这个指标用于反映现象发展速度,并据以推测现象变化的趋势。统计上把用来作为比较标准的时期称作"基期",而把和基期对比的时期称作"报告期"。其计算公式为:

$$动态相对指标(发展速度)=\frac{报告期某指标数值}{基期同一指标数值}\times100\%$$

动态相对指标在统计中应用很广,将在后文加以详细论述。

(二)两个总体之间对比的相对指标

属于两个总体之间对比的相对指标有:比较相对指标和强度相对指标两种。

1.比较相对指标

在同一时间内同类事物由于所处的空间条件不同,发展状况也不一样,要了解它们之间的差异程度,就需要将不同空间条件下的同类事物进行对比。所谓不同空间条件就是指它既可以进行不同国家、地区、部门单位比较,还可以与标准水平或平均水平进行比较。比较相对指标是将两个性质相同的指标做静态对比得出的综合指标。其计算公式为:

$$比较相对指标=\frac{某条件下的某类指标数值}{另一条件下同类指标数值}$$

【例4-8】 生产同种产品的甲、乙两个班组,某月平均每人日产量见表4-7。

表4-7 比较相对指标的计算

班　　次	平均每人日产量(件)	比较相对指标(%)
甲	250	125
乙	200	80

通过比较相对指标表明:甲班每人平均日产量比乙班高25%,而乙班每人平均日产量比甲班低100%-80%=20%。

将同类指标做静态比较,可以反映某种事物在同一时间不同空间发展的差别程度。如把企业的各项经济技术指标与同类企业的先进水平对比,或与国家规定标准条件对比,可以找出差距,从而为提高企业的生产水平、管理水平提供重要依据。又如将我国的各项经济指标与世界各国同类指标对比,可以反映我国与世界各国经济发展水平的差距。

比较相对指标可以用绝对数计算,也可以用相对数或平均数计算。由于总量指标易受经济条件不同的影响,因而,计算比较相对指标时,更多的是采用相对数或平均数进行比较。

2.强度相对指标

社会经济现象之间的数量对比关系,不仅表现在总体的内部组成部分之间,表现在同一事物在不同空间的联系,还表现在有联系的不同事物之间的对比关系。强度相对指标是不属于同一总体的两个性质不同又相互联系的总量指标对比的比值,是用来反映现象的强度、密度和普遍程度、利用程度的综合指标。其计算公式为:

$$强度相对指标=\frac{某一总体总量指标}{另一有联系而性质不同的总体总量指标}$$

【例4-9】 我国国土面积为960万平方公里,某年年底人口数为126743万人,则:

$$我国人口密度=\frac{126743}{960}=132(人/平方公里)$$

强度相对指标的计量单位大多数是复名数,也有少数是用百分数表示的,如流通费用率等。

强度相对指标作为比较的两个总量指标在一般情况下可以互为分子或分母,因此,它有正、逆指标两种计算方法。

【例 4-10】　某市人口数为 20 万人,零售商业机构 600 个,则该市零售商业网密度:

$$商业网密度=\frac{600\ 个}{200\ 千人}=3\ 个/千人$$

这是零售商业网密度正指标,说明该市居民每千人中有三个零售网点为他们服务。正指标数愈大,说明零售网的密度愈大。

零售商业网密度逆指标为:

$$商业网密度=\frac{200000\ 人}{600\ 个}=333\ 人/个$$

该指标说明每 333 人拥有一个零售网点。逆指标值越大,说明零售网的密度越小。

以上正、逆指标往往不同时使用,应根据需要加以选择。

(三)计算相对指标的原则

1. 要正确选择对比的基数

各种相对指标是通过指标数值对比来反映现象的联系,因此,必须根据研究目的,从现象的性质、特点出发,正确选择对比基数,才能真实反映现象的联系。

2. 要保持对比指标的可比性

由于相对指标是两个有联系的指标之比,所以这两个指标就必须在经济内容、统计范围、计算方法、计算价格以及计算单位等方面具有可比性。

【任务实施】

计算的数值如表 4-8 所示。

表 4-8　产值计划完成情况对比表

厂　别	本年计划		本年实际产值（万元）	完成计划（%）	上年实际产值（万元）	本年实际与上年之比（%）
	产值	比重				
甲	105	21	112	106.7	92	122
乙	160	32	130	81.2	100	130
丙	235	47	192	81.7	96	200
合计	500	100	434	86.7	288	152.08

相关链接——强度相对指标的作用

强度相对指标在社会经济统计中具有特殊的作用,主要表现在以下几个方面:反映国家或地区的经济实力;反映事物的密度和普遍程度;反映企业经济效益的好坏。

强度指标的数值越大越好的指标,为正指标,数值越大越不好的指标为逆指标。强度指标的分子和分母有一些可以互换,有一些不能互换(例如,人口出生率、人口死亡率)。

任务三　平均指标认知

【任务布置】

飞达公司的甲厂 2016 年 8 月份有 800 名工人,生产资料如表 4-9 所示,计算平均每人的月产量。

表 4-9　飞达公司甲厂 2016 年 8 月的生产资料

工人按月产量分组(件)	工人人数比重(%)
50～60	6.25
60～70	12.5
70～80	56.25
80～90	22.5
90～100	2.5
合　计	100

【知识准备】

如果说相对指标着眼于各单位的对比,而平均指标和变异指标则着眼于各单位的差异。所以概括来讲,平均指标具有两个基本特点:一是它是一个代表性的指标,代表总体各个单位某一数量标志的一般水平;二是它把总体各个单位某一标志数值的差异抵消掉,而反映总体的综合特征。

一、平均指标的概念、作用及分类

1.平均指标的概念

平均指标是将一个总体内各个单位在某个数量标志上的差异抽象化,以反映总体的一般水平的综合指标。例如,一个企业全体职工为一个总体,企业内的每一个职工就是总体单位,每一个职工的工资收入水平高低不同,要想综合反映企业职工工资收入的一般水平,就需要利用平均指标。可见,平均指标是表明总体综合数量特征的重要指标之一,它不说明个别单位的数量,而是反映一般水平。

2.平均指标的作用

(1)可以消除因总体范围不同而带来的总体数量差异,从而使不同的总体具有可比性。例如,某企业有甲、乙两个车间,某月甲车间的工资总额是 12000 元,乙车间的工资总额是 10000元,从两个车间的工资总额看,反映不出哪个车间工人的收入高,这时候就应用平均工资进行对比。假如甲车间有工人 30 人,乙车间有工人 20 人,则:

$$甲车间工人月平均工资 = \frac{12000\ 元}{30\ 人} = 400\ 元/人$$

$$乙车间工人月平均工资 = \frac{10000\ 元}{20\ 人} = 500\ 元/人$$

表明乙车间工人月平均工资比甲车间高。

（2）它可以反映同一总体在不同时期的发展变化趋势。

（3）它可以分析现象之间的依存关系。如分析商业企业规模大小与平均商品流通费用率的关系，分析劳动生产率水平与平均工资水平的关系等。

（4）可以进行数量上的推算和预测。在统计上常常利用部分单位的平均数去推算总体平均数，根据总体某个标志的平均数与总体单位数去推算和预测总体标志总量。

3. 平均指标的分类

平均指标分为数值平均数和位置平均数。

数值平均数是从总体各单位的不同标志值中抽象出一个具有一般水平的量，这个量既不是每个单位具体的标志值，但又要反映各单位标志值的一般水平，如算术平均数、调和平均数、几何平均数等，其中几何平均数多在计算平均发展速度中应用，在反映社会经济现象总体各单位标志的一般水平量时，多采用算术平均数或调和平均数。

位置平均数是先将总体各标志值按一定顺序排列，然后取某一位置的能够反映一般水平的代表值，如中位数、众数等。

本书主要讲解数值平均数的计算。

二、算术平均数

1. 简单算术平均数

简单算术平均数就是将总体各个单位的标志值相加除以总体单位数求得。如果用符号表示，以 $\bar{x}$ 代表平均数，$x_1, x_2, x_3, \cdots, x_n$ 代表总体单位数，计算公式为：

$$\bar{x} = \frac{x_1 + x_2 + x_3 + \cdots + x_n}{n} = \frac{\sum\limits_{i=1}^{n} x_i}{n}$$

【例 4-11】　某厂一生产组 5 名工人，日加工零件数分别为 17 件、20 件、22 件、24 件、27 件，则平均每个工人的日产量件数为：

$$\bar{x} = \frac{17 + 20 + 22 + 24 + 27}{5} = 22（件）$$

简单算术平均数的特点是：各变量值出现的次数相同。例如，上例中各个变量值出现的次数都是 1。如果变量值出现的次数不同，就得计算加权算术平均数。

2. 加权算术平均数

加权算术平均数是在总体经过分组形成变量数列（包括单项数列和组距数列），有变量和次数的情况下，将各组变量值分别与其次数相乘后加总求得标志总量，再除以总体单位数（即次数总和）而求得。计算公式为：

$$加权算术平均数 = \frac{\sum（各组变量值 \times 各组次数）}{\sum 各组次数}$$

如用符号表示，以 $\bar{x}$ 代表平均数，$x_1, x_2, x_3, \cdots, x_n$ 代表各组变量值，x_i 为第 i 组的代表标

志值，$f_1, f_2, f_3, \cdots, f_n$ 代表各组的次数，f_i 为第 i 组的次数，计算公式为：

$$\overline{x} = \frac{x_1 f_1 + x_2 f_2 + \cdots + x_n f_n}{f_1 + f_2 + \cdots + f_n} = \frac{\sum\limits_{i=1}^{n} x_i f_i}{\sum\limits_{i=1}^{n} f_i} = \sum\limits_{i=1}^{n} x_i \cdot \frac{f_i}{\sum\limits_{i=1}^{n} f_i}$$

单项数列计算加权算术平均数，以分组数列为例说明，资料如表 4-10 所示。

表 4-10　某厂日检产品资料（一）

按日检查产品数量分组（个）	职工人数（人）	比重（%）	日检查产品总量（个）	变量值×比重
x_i	f_i	$\dfrac{f_i}{\sum f_i}$	$x_i f_i$	$x_i \dfrac{f_i}{\sum f_i}$
42	8	3.2	336	1.34
45	7	2.8	315	1.26
48	10	4.0	480	1.92
54	46	18.4	2484	9.94
58	44	17.6	2552	10.21
65	50	20.2	3250	13.00
72	24	9.6	1728	6.91
78	26	10.4	2028	8.11
84	25	10.0	2100	8.40
88	10	4.0	880	3.52
合　计	250	100	16153	64.61

该厂平均日检产品数量 $\overline{x} = \dfrac{\sum x_i f_i}{\sum f_i} = \dfrac{16153}{250} = 64$（个）

或 $\overline{x} = \sum x_i \cdot \dfrac{f_i}{\sum f_i} = 64$（个）

通过上例表明，各组的次数 f_i 具有权衡各组变量值轻重的作用，某一组的次数越大，则该组的变量值对平均数的影响就越大，某一组的次数越小，则该组的变量值对平均数的影响就越小。因此，在计算算术平均数时，习惯称各组的次数 f_i 为权数。加权算术平均数值的大小受两个因素的影响，一是受变量值 x 大小的影响，二是受次数分配值也就是各组次数占总次数比重（即 $\dfrac{f_i}{\sum f_i}$ ）的影响。

组距数列计算加权算术平均数，以表 4-11 为例说明，先计算组中值，然后计算平均数。

表 4-11　某厂日检产品资料(二)

按日检查产品 数量分组	职工人数 （人）	组中值（个）	日检产品 总量(个)	比重(%)	变量值×比重
	f_i	x_i	$x_i f_i$	$\dfrac{f_i}{\sum f_i}$	$x_i \dfrac{f_i}{\sum f_i}$
40～50	25	45	1125	10	4.5
50～60	90	55	4950	36	19.8
60～70	50	65	3250	20	13.0
70～80	50	75	3750	20	15.0
80～90	35	85	2975	14	11.9
合　计	250	—	16050	100	64.2

该厂日检产品平均数量 $\overline{x} = \dfrac{\sum x_i f_i}{\sum f_i} = \dfrac{16050}{250} = 64(个)$

或 $\overline{x} = \sum x_i \cdot \dfrac{f_i}{\sum f_i} = 64(个)$

三、调和平均数

在不掌握各组单位数的资料,只掌握各组的标志值和各组的标志总量的条件下,则用调和平均数的方法计算平均指标。调和平均数是根据各组标志值的倒数的算术平均数的倒数计算的,因此,它又称作倒数平均数。

1. 简单调和平均数

求总体各单位标志值 $x_1, x_2, x_3, \cdots, x_n$ 的调和平均数时,计算步骤为:

(1)先求各标志值倒数的和:

$$\frac{1}{x_1} + \frac{1}{x_2} + \cdots + \frac{1}{x_n} = \sum_{i=1}^{n} \frac{1}{x_i}$$

(2)然后求出倒数的算术平均数:

$$\left(\overline{\frac{1}{x_1}}\right) = \frac{\sum\limits_{i=1}^{n} \dfrac{1}{x_i}}{n}$$

(3)再求标志值倒数的算术平均数的倒数:

$$令\left(\overline{\frac{1}{x_1}}\right) = \frac{1}{H}, 则 \frac{1}{H} = \frac{\sum\limits_{i=1}^{n} \dfrac{1}{x_i}}{n}$$

所以,调和平均数的基本计算公式为:

$$H = \frac{n}{\sum\limits_{i=1}^{n} \dfrac{1}{x_i}}$$

【例 4-12】　某施工队砌筑一幢五层大楼,各层的日砌筑量为 3、4、5、6、7 平方米,如果每层的建设规格相同,求砌筑整幢大楼的平均日砌量。

$$H = \frac{5}{\frac{1}{3} + \frac{1}{4} + \frac{1}{5} + \frac{1}{6} + \frac{1}{7}} = \frac{5}{1.09} = 4.59(平方米/日)$$

对上述计算可作如下分析:问题中要求的是整幢大楼的日砌筑量,它应该等于整幢大楼的总砌筑量与总天数之比。如果按各层的日砌筑量相加除以 5 来计算是不对的,因为各层日砌筑量相加并不等于总砌筑量,5 也不是总天数。正确的计算思路是,因为各层的建筑规格是一样的,所以各层的砌筑量是一样的,不妨设它们都是 1,则总砌筑量是 5,总天数等于各层天数之和,即 $\frac{1}{3} + \frac{1}{4} + \frac{1}{5} + \frac{1}{6} + \frac{1}{7}$,将总砌筑量除以总天数,即得整幢大楼的平均日砌筑量。本例也说明,在计算平均指标时,要对已知资料进行认真分析,以选择正确的计算公式。

2.加权调和平均数

加权调和平均数是各单位标志值倒数的加权算术平均数的倒数。以 m 表示各项权数,其计算公式为:

$$H = \frac{m_1 + m_2 + \cdots + m_n}{\frac{1}{x_1}m_1 + \frac{1}{x_2}m_2 + \cdots + \frac{1}{x_n}m_n} = \frac{\sum m}{\sum \frac{m}{x}}$$

当权数都等于 1 时,加权调和平均数就等于简单调和平均数。简单调和平均数是加权调和平均数的特例。

在社会经济生活中,符合严格意义上的调和平均数所表现的数量关系并不多见。加权调和平均数一般作为加权算术平均数的变形形式使用。

当 $m = xf$ 时,加权调和平均数与加权算数平均数的关系为:

$$H = \frac{\sum m}{\sum \frac{m}{x}} = \frac{\sum xf}{\sum \frac{xf}{x}} = \frac{\sum xf}{f} = \bar{x}$$

因此,根据资料情况,当掌握各单位标志值和相应次数资料时,采用加权算术平均数公式;当掌握各单位标志值和各组标志总量时,采用加权调和平均数公式。

【例 4-13】　某市农贸市场西红柿平均价格计算表见表 4-12。

表 4-12　某市农贸市场西红柿平均价格计算表

市场名称	西红柿价格(元) x	销售额(元) m	销售量(斤) m/x
甲市场	1.6	1920	1200
乙市场	1.8	1710	950
丙市场	1.7	1700	1000
合　计	—	5330	3150

$$西红柿平均价格\ \bar{x} = \frac{\sum m}{\sum \frac{m}{x}} = \frac{5330}{3150} = 1.69(元)$$

【例 4-14】　假设某一总公司下设甲乙两家分公司,甲乙两家公司员工的月工资资料如表

4-13所示,试分别计算甲乙分公司的平均工资。

表 4-13　甲乙两家公司员工的月工资资料

月工资 x(元)	工资总额 m(元)		员工人数 $f=m/x$(人)	
	甲公司	乙公司	甲公司	乙公司
1000	50000	30000	50	30
1500	78000	30000	52	20
2000	40000	30000	20	15
合　计	168000	90000	122	65

在这里,平均工资作为"单位标志平均数"仍然必须是标志总量(工资总额)与单位总数(员工总数)之比。依据给出的月工资水平和工资总额的分组资料,可以首先分别用甲乙分公司分组的工资总额除以月工资,得到各组的员工人数,进而加总得到公司的员工总数(表中后两列),这样就很容易计算出两个公司各自的平均工资。将这些计算步骤归纳起来,就是运用了调和平均数的公式。

现在,我们计算甲公司的平均工资,得到:

$$H_{甲} = \frac{\sum\limits_{i=1}^{3} m_i}{\sum\limits_{i=1}^{3} \dfrac{m_i}{x_i}} = \frac{50000 + 78000 + 40000}{\dfrac{50000}{1000} + \dfrac{78000}{1500} + \dfrac{40000}{2000}} = \frac{168000}{122} \approx 1377.05(元)$$

计算乙公司的平均工资,得到:

$$H_{乙} = \frac{\sum\limits_{i=1}^{3} m_i}{\sum\limits_{i=1}^{3} \dfrac{m_i}{x_i}} = \frac{30000 + 30000 + 30000}{\dfrac{30000}{1000} + \dfrac{30000}{1500} + \dfrac{30000}{2000}} = \frac{90000}{65} \approx 1384.62(元)$$

在乙公司中,三组月工资的权数(工资总额)相同,我们可采用简单调和平均数的公式来计算,并可得到类似的结果。

$$H_{丙} = \frac{n}{\sum\limits_{i=1}^{n} \dfrac{1}{x_i}} = \frac{3}{\dfrac{1}{1000} + \dfrac{1}{1500} + \dfrac{1}{2000}} \approx 1384.62(元)$$

四、中位数

将总体中各单位的标志值按大小顺序排列,位于中间位置的标志值就是中位数。它与众数一样,也是位置平均数,同样不受数列中极端值的影响。在变量数列中,有一半单位的标志值小于中位数,另一半单位的标志值大于中位数,因而中位数也叫分割值。

根据所掌握资料的不同,中位数的确定分为两种情况:

1. 根据未分组资料确定

根据未分组的资料确定中位数,先把各单位的标志值按大小顺序排列,然后根据公式确定中点位置,其公式为:

$$中点位置 = \frac{n+1}{2}$$

式中:n 代表变量值的个数。

当变量值的个数为奇数时,中点位置所对应的变量值即为中位数;当变量值的个数为偶数时,则中点位置的前、后两个变量值的简单算术平均数即为中位数。

【例 4-15】　有五名工人的工资额分别为 500 元、580 元、670 元、890 元、898 元,则中点位置为 $3\left(\dfrac{5+1}{2}\right)$,中位数为第三个工人的工资额 670 元。如果有四名工人的工资额分别为 500、580、670、890 元,则中点位置为 $2.5\left(\dfrac{4+1}{2}\right)$,中位数为第二个工人和第三个工人工资额的简单平均数 625 元 $\left(\dfrac{580+670}{2}\right)$。

2.根据分组资料确定

根据分组资料确定中位数比较复杂。可以先用公式确定中位数的位置,并根据各组的向上(或向下)累计次数,找出中位数所在组,然后按照上限或下限公式确定中位数。其公式如下:

下限公式
$$M_e = L + \frac{\dfrac{\sum f}{2} - S_{m-1}}{f_m} \times d$$

上限公式
$$M_e = U - \frac{\dfrac{\sum f}{2} - S_{m+1}}{f_m} \times d$$

式中:M_e 代表中位数;L 代表中位数所在组的下限;U 代表中位数所在组的上限;f_m 代表中位数所在组的次数;S_{m-1} 代表中位数所在组以前的累计次数;S_{m+1} 代表中位数所在组以后的累计次数;d 代表中位数所在组的组距。

【例 4-16】　用表 4-14 中的数据来确定中位数。

表 4-14　某村农户年纯收入中位数确定表

农户按年纯收入分组(元)	农户数	农户数累计	
		向上累计	向下累计
1200～1400	5	5	500
1400～1600	10	15	495
1600～1800	80	95	485
1800～2000	130	225	405
2000～2200	180	405	275
2200～2400	50	455	95
2400～2600	30	485	45
2600～2800	15	500	15
$\sum$	500	—	—

根据表 4-14 的资料,确定中位数的过程如下:

$$中点位置 = \frac{\sum f + 1}{2} = \frac{500 + 1}{2} = 250.5$$

其中：$L = 2000$　　　$U = 2200$　　　$d = 2200 - 2000 = 200$

　　　　$f_m = 180$　　$S_{m-1} = 225$　　$S_{m+1} = 95$

按下限公式确定：

$$M_e = 2000 + \frac{\frac{500}{2} - 225}{180} \times 200 = 2027.8$$

接上限公式确定：

$$M_e = 2200 + \frac{\frac{500}{2} - 95}{180} \times 200 = 2027.8$$

计算结果表明，用下限或上限公式确定中位数，其结果是一样的。在实际工作中，可根据情况选择一种方法计算。

五、众数

众数是总体中出现次数最多或最普遍的标志值。它是位置平均数，不受数列中极端变量值的影响，这是区别于算术平均数的一个重要标志。但它与算术平均数的作用一样，也可以反映总体各单位某一数量标志值的一般水平，只是精确度有所区别。例如，某班 40 个学生当中，20 岁的有 3 名，19 岁的有 5 名，18 岁的有 29 名，17 岁的有 3 名；由于 18 岁的人数最多，故 18 岁为该班学生年龄标志的众数，它可以代表该班学生年龄的一般水平。再如，为了掌握集市上某种商品的价格水平，可不必全面登记该商品的全部价格求其算术平均数，只用该商品成交量最多的那个价格即众数作为代表值，就可以反映该商品价格的一般水平。众数是根据特殊位置确定的，当数列没有明显的集中趋势而趋于均匀分布时，不存在众数。

根据掌握资料的不同，众数的确定可采用不同的方法，一般有以下两种情况：

1. 根据单项数列确定众数

在单项数列情况下，确定众数很简单，次数最多的那一组的变量值就是众数。

【例 4-17】　某商店各种规格羊毛衫销售资料如表 4-15 所示。

表 4-15　羊毛衫销售量

羊毛衫规格（厘米）	销售量（件）
80	60
85	90
90	140
95	160
100	300
105	150
110	130
115	80
120	70
合　　计	1180

从表 4-15 可以直接看出，100 厘米的羊毛衫销售量最大，为 300 件，因此 100 厘米就是众数。

2. 根据组距数列确定众数

在组距数列条件下，确定众数比较复杂。可以先确定众数所在组，然后运用下限公式或上限公式进行计算，以求得近似的众数。其计算公式为：

下限公式 $$M_0 = L + \frac{\Delta_1}{\Delta_1 + \Delta_2} \times d$$

上限公式 $$M_0 = U + \frac{\Delta_2}{\Delta_1 + \Delta_2} \times d$$

式中：M_0 代表众数；L 代表众数组下限；U 代表众数组上限；Δ_1 代表众数组次数与前一组次数之差；Δ_2 代表众数组次数与后一组次数之差；d 代表众数组组距。

【例 4-18】　某村农民家庭年纯收入资料如表 4-16 所示。

表 4-16　　某村农户年纯收入统计表

按年纯收入分组（元）	农户数（户）
1200～1400	5
1400～1600	10
1600～1800	80
1800～2000	130
2000～2200	180
2200～2400	50
2400～2600	30
2600～2800	15
合　计	500

由表 4-16 可见，年收入在 2000～2200 元的农户最多（为 180 户），这一组即为众数组。根据公式近似地计算众数如下：

其中：$L = 2000$　　$U = 2200$　　$d = 2200 - 2000 = 200$

$\Delta_1 = 180 - 130 = 50$　　　$\Delta_2 = 180 - 50 = 130$

按下限公式确定，$M_0 = 2000 + \dfrac{50}{50 + 130} \times 200 = 2055.6$（元）

按上限公式确定，$M_0 = 2200 + \dfrac{130}{50 + 130} \times 200 = 2055.6$（元）

从计算结果可以看出，按下限公式和上限公式确定的结果是一致的。在实际工作中，选用其中一种方法计算即可。

【任务实施】

首先要计算出每组的组中值，然后利用公式计算平均每人的月产量

$$\bar{x} = \frac{\sum x \cdot f}{\sum f} = 75.25 \text{（件）}$$

每组计算出的数据见表 4-17。

表 4-17　每组计算的数据

工人按月产量分组（件）	工人人数比重（%）	组中值	平均每人月产量
50～60	6.25	55	3.44
60～70	12.5	65	8.13
70～80	56.25	75	42.19
80～90	22.5	85	19.13
90～100	2.5	95	2.38
合　计	100		75.25

相关链接——平均指标的应用原则

在统计研究和分析中，平均指标得到了极其广泛的应用。为了保证平均指标的科学性，更好地发挥其作用，应用时必须遵守以下几条基本原则：在同质总体中计算和应用平均指标；用组平均数补充说明总平均数；用分布数列补充说明总平均数。

任务四　标志变异指标认知

【任务布置】

飞达公司为了丰富员工的业余生活，在公司内部开展拼魔方比赛，每个部门要派一名选手参赛，销售部最后选出两名选手参赛，为了选出其中更优秀的选手，让王鹏和刘行两名选手进行了四次比赛，拼装魔方的时间记录如下：

王鹏：1 分钟、5 分钟、9 分钟、14 分钟

刘行：5 分钟、7 分钟、8 分钟、9 分钟

经计算，两名员工拼装魔方时间的平均值是一样的，都是 7.25 分钟，那么如何选出优秀的选手呢？

【知识准备】

平均指标和标志变异指标是一对相互联系的对应指标，从不同侧面揭示同一现象各总体单位标志值的分布特征值，反映现象总体的基本数量特征和规律。

一、标志变异指标的概念及作用

平均指标代表总体单位某个标志的一般水平，它把总体各个单位标志值的差异抽象掉了。标志变异指标是表明总体各个单位标志值的差异程度，或者说离散程度的指标，所以又称为标志变动度。它与平均指标的作用是相辅相成的。

标志变异指标的作用具体表现在：它是评价平均指标代表性大小的依据。平均指标是总体单位某个标志的代表数值，它的代表性与总体该标志变动的程度直接相关。如果标志值的分布很分散，则平均数的代表性就差。

【例 4-19】 有甲、乙两个生产小组，每组各有 5 个生产工人，每人每日的生产量为：

甲组（件）　　5　　　20　　　45　　　85　　　95　　　$\overline{x}_甲=50$（件）

乙组（件）　　48　　49　　50　　51　　52　　　$\overline{x}_乙=50$（件）

甲乙两组平均每个工人日产量都是 50 件，但各组工人日产量的离散程度不同，甲组离散程度较大，乙组只是稍有变动，因而明显看出甲组平均数的代表性较乙组就差很多。

二、标志变异指标的计算

常用的标志变异指标有全距、平均差、标准差（均方差）、离散系数四种。

1.全距（亦称极差）

全距是总体中单位标志值的最大值与最小值的差距，说明标志值变动的范围。一般来说，全距愈小，说明标志变动值愈集中；全距愈大，说明标志变动值愈分散。但这个指标只考虑变量的两个极端值的差异，不能全面反映各单位标志值的变异程度。

2.平均差（A.D）

平均差是指总体中各单位标志值与平均数离差绝对值的算术平均数。在统计中，把总体标志值的每一个变量与平均数之差$(x-\overline{x})$叫做离差。

计算平均差的公式有两种：

一是由未分组的变量资料直接计算，采用简单算术平均法，即：

$$平均差(A.D)=\frac{\sum_{i=1}^{n}|x_i-\overline{x}|}{n}$$

其中：n 代表总体单位数，即离差项数。

二是由已分组的变量数列计算，采用加权算术平均数的方法，即：

$$平均差(A.D)=\frac{\sum_{i=1}^{n}|x_i-\overline{x}|f_i}{\sum_{i=1}^{n}f_i}$$

其中：f_i 代表各个组的次数，是计算平均差的权数。

平均差不同于全距，它是根据所有变量值计算的，因此它能够综合反映总体中各单位标志值的离散程度。平均差愈大说明标志变动愈大，平均数代表性愈小。反之，平均差愈小说明标志变动度愈小，平均数代表性愈大。

【例 4-20】 某生产班组 11 个工人日产零件数未分组资料如表 4-18 所示。

表 4-18　某生产班组工人日产零件数未分组资料

	日产零件数（个）x	$x-\overline{x}$	$|x-\overline{x}|$
	(1)	(2)=(1)-22	(1)=|(2)|
	15	-7	7
	17	-5	5
	19	-3	3
	20	-2	2

	日产零件数(个)x	$x-\bar{x}$	$\lvert x-\bar{x}\rvert$
	(1)	(2)=(1)-22	(1)=|(2)|
	22	0	0
	22	0	0
	23	1	1
	23	1	1
	25	3	3
	26	4	4
	30	8	8
合　计	242	0	34

$$\bar{x}=\frac{\sum x}{n}=22(件)$$

$$平均差(A.D)=\frac{\sum\lvert x-\bar{x}\rvert}{n}=\frac{34}{11}\approx 3（件）$$

【例 4-21】　某车间 200 个工人按日产量分组编成的次数分配如表 4-19 所示。

表 4-19　某车间工人按日产量分组编成的次数分配

日产量(公斤)	工人数 f	组中值 x	xf	$x-\bar{x}$	$\lvert x-\bar{x}\rvert$	$\lvert x-\bar{x}\rvert f$
(1)	(2)	(3)	(4)=(2)×(3)	(5)=(3)-42	(6)=|(5)|	(7)=(6)×(2)
20~30	10	25	250	-17	17	170
30~40	70	35	2450	-7	7	490
40~50	90	45	4050	+3	3	270
50~60	30	55	1650	+13	13	390
合　计	200	—	8400	—	—	1320

$$\bar{x}=\frac{\sum xf}{\sum f}=\frac{8400}{200}=42(公斤)$$

$$A\cdot D=\frac{\sum\lvert x-\bar{x}\rvert f}{\sum f}=\frac{1320}{200}=6.6(公斤)$$

3. 标准差

标准差是测定标志变动程度的主要指标。标准差是总体单位各变量值与其平均数的离差平方的算术平均数的平方根。其计算公式如下：

(1)对于未分组资料：

$$标准差\ \sigma=\sqrt{\frac{\sum(x-\bar{x})^2}{n}}$$

式中：$\sum(x-\bar{x})^2$ 代表离差平方和；n 代表总体单位数即离差项数。

通常把 $\dfrac{\sum (x - \overline{x})^2}{n}$ 称为方差，以符号 σ^2 表示，所以标准差又称为均方差。

（2）对于分组资料：

$$标准差 \ \sigma = \sqrt{\dfrac{\sum (x - \overline{x})^2 f}{\sum f}}$$

式中：f 代表次数即离差的权数。

标准差愈大说明标志变动程度愈大，因而平均数代表性愈小；反之，标准差愈小说明标志变动程度愈小，平均数代表性就愈大。

【例 4-22】 仍以前述甲乙两个生产组工人日产量资料为例，见表 4-20（$\overline{x}_甲 = 50$ 件，$\overline{x}_乙 = 50$ 件）。

表 4-20　甲乙两个生产组工人日产量资料

生产件数	离差	离差的平方	生产件数	离差	离差的平方
f	$x - \overline{x}$	$(x - \overline{x})^2$	f	$x - \overline{x}$	$(x - \overline{x})^2$
5	-45	2025	48	-2	4
20	-30	900	49	-1	1
45	-5	25	50	0	0
85	35	1225	51	1	1
95	45	2025	52	2	4
合　计	250	0	6200	250	0	10

$$甲组标准差 \ \sigma = \sqrt{\dfrac{\sum (x - \overline{x})^2}{n}} = \sqrt{\dfrac{6200}{5}} = \sqrt{1240} \approx 35（件）$$

$$乙组标准差 \ \sigma = \sqrt{\dfrac{\sum (x - \overline{x})^2}{n}} = \sqrt{\dfrac{10}{5}} = \sqrt{2} \approx 1（件）$$

甲组的标准差大于乙组，说明甲组的标志变动度比乙组大，因而甲组的平均数代表性比乙组差。

根据分组资料计算标准差，如表 4-21 所示。

表 4-21　根据分组资料计算甲乙两个生产组工人日产量的标准差

日生产件数（件）	职工人数（人）	组中值（件）	日生产总量（件）	离差	离差平方	离差平方×权数
	f	x	xf	$x - \overline{x}$	$(x - \overline{x})^2$	$(x - \overline{x})^2 f$
40～50	25	45	1125	19.2	368.64	9216
50～60	90	55	4950	-9.2	84.64	7617.6
60～70	50	65	3250	0.8	0.64	32
70～80	50	75	3750	10.8	116.64	5832
80～90	35	85	2975	20.8	432.64	15142.4
合　计	250	—	16050	—	1003.2	37840

（$\bar{x}$ 为实际值 64.2）

职工平均日产量 $\bar{x} = \dfrac{\sum xf}{\sum f} = \dfrac{16050}{250} \approx 64$（件）

标准差 $\sigma = \sqrt{\dfrac{\sum(x-\bar{x})^2}{\sum f}} = \sqrt{\dfrac{37840}{250}} = \sqrt{151.36} \approx 12$（件）

4. 标准差系数（离散系数）

标准差系数是标准差和平均数的比值，是用相对数表现的标志变动度指标，通常用"%"表示。

对于不同水平的总体，不宜直接用标准差比较其标志变动度的大小，而需要利用标准差系数进行比较。因为标准差系数是将标准差和相应的平均数进行对比，消除了平均水平高低不同的影响。其计算公式如下：

$$标准差系数\ V_\sigma = \frac{\sigma}{\bar{x}}$$

【例 4-23】　两个工厂工人的劳动生产率资料如表 4-22 所示。

表 4-22　两个工厂工人的劳动生产率资料

厂　名	劳动生产率（元/人）	标准差（元）	离散系数（%）
	x	$x-\bar{x}$	$V_\sigma = \dfrac{\sigma}{x}$
甲厂	16000	600	3.75
乙厂	8000	400	5.0

甲厂标准差大于乙厂，但不能由此断言甲厂工人平均劳动生产率的代表性比乙厂小。因为两厂的劳动生产率水平相差很大，要对比就必须用标准差系数指标，以消除两厂劳动生产率不同的影响。甲厂离散系数小于乙厂，说明甲厂标志变动程度小于乙厂，因而甲厂工人的劳动生产率要均匀一些，平均劳动生产率的代表性高于乙厂。

附资料 4-1

淘宝卖家评分体系

淘宝之所以受到消费者的青睐，一个重要的原因就是淘宝可以保证买家的合法权益，建立了卖家评分系统。这个评价体系会直接影响之后的买家对该店铺的印象和购买。这个评价体系可从如下四方面来衡量，即是否与描述相符、服务态度、发货速度以及物流速度。用 5 颗星来打分，1 颗星代表最差，5 颗星代表最好，如图 4-1 所示。

假设有 4 个买家对该宝贝进行了评价。为了方便记录，用数字 1～5 代表 1 颗星到 5 颗星。4 个买家对店铺的总体评分用均值和中位数表示，见表 4-23。

图 4-1　购物星级评价

表 4-23　店铺评分表

淘宝买家	给店铺评分				均值	中位数
	描述相符	服务态度	发货速度	物流服务		
时尚	1	1	1	5	2	1
浅浅	2	1	2	3	2	2
小菲菲	5	5	1	5	4	5
梦里依稀	4	4	5	3	4	4

　　中位数和均值一样,都能代表一组数的中心。中位数比均值更稳定,更不容易受极端值的影响,所以对店铺总体水平来说,最有代表性的是:时尚为 1 颗星,浅浅为 2 颗星,小菲菲为 5 颗星,梦里依稀为 4 颗星。

【任务实施】

　　这时财务部有名的"小诸葛"说话了,之所以叫"小诸葛"是因为他的知识面非常广,总是能为公司发展提出好的建议。"小诸葛"说,我们可以用方差和标准差来解决这个问题啊。同事们一头雾水。"小诸葛"接着说,方差就是把他们两人各自的时间减去各自的平均时间,然后再平方。也就是:

　　王鹏:$(1-7.25)^2+(5-7.25)^2+(9-7.25)^2+(14-7.25)^2=92.75$

　　刘行:$(5-7.25)^2+(7-7.25)^2+(8-7.25)^2+(9-7.25)^2=8.75$

　　"小诸葛"接着说,王鹏和刘行虽然平均时间是一模一样的,但是王鹏的方差比刘行的方差大这么多,说明王鹏发挥得不稳定啊,一会 1 分钟,一会 14 分钟的,而刘行每次时间都差不多,发挥稳定,更适合代表你们部门去参加比赛,这次计算出王鹏的方差为 92.75,数据比较大,所以也可以把方差开方,就是标准差。同事们听了,都很佩服"小诸葛",不仅解决了问题,还学会了统计指标方差和标准差。

相关链接——标准差系数应用应注意

　　离散系数是衡量数列变量值离散程度的相对指标,在实际应用过程中应该注意以下两点:

　　若两个数列或两个总体的均值相同,可直接比较标准差大小来衡量平均数代表性大小或现象的均衡性,而不必计算标准差系数;

　　若两个数列或两个总体的均值不相同,则应计算标准差系数来比较其平均数代表性大小或现象的均衡性。

单元小结

●基本的统计综合指标按其性质不同,可以分为总量指标、相对指标、平均指标、标志变异指标四类。

●总量指标是反映社会经济现象在一定时间、空间条件下的总规模或总水平的最基本的综合指标,用绝对数表示。

●根据总量指标所反映的社会经济现象的性质不同,计量单位一般有实物单位、价值单位、劳动时间单位三类。

●相对指标就是应用对比的方法,来反映社会经济现象中某些相关事物间数量联系程度的综合指标,其表现形式为相对数。

●平均指标是将一个总体内各个单位在某个数量标志上的差异抽象化,以反映总体的一般水平的综合指标。

●平均指标分为数值平均数和位置平均数:数值平均数包括算术平均数、调和平均数、几何平均数等;位置平均数包括中位数、众数等。

●标志变异指标是表明总体各个单位标志值的差异程度,或者说离散程度的指标,所以又称为标志变动度。它与平均指标的作用是相辅相成的。

●常用的标志变异指标有全距、平均差、标准差(均方差)、离散系数四种。

复习思考题

一、思考题

1.总量指标的概念和种类是什么?

2.时期指标和时点指标的区别有哪些?

3.无名数的相对指标通常的表示方法有哪些?

4.平均指标的分类有哪些?

5.中位数和众数如何确定?

6.常用的标志变异指标全距、平均差、标准差(均方差)、离散系数如何确定?

二、理论测试题(总量指标和相对指标)

(一)单选题

1.总量指标按其反映的内容不同可以分为(　　)。

A.总体单位总量与总体标志总量　　　　B.总体总量与数量指标

C.总体标志总量与时期指标　　　　　　D.质量指标与时点指标

2.某厂 2016 年完成产值 200 万元,2017 年计划增长 10%,实际完成 231 万元,超额完成计划(　　　)。

A.5.5%　　　　　　　　B.5%　　　　　　　　C.115%　　　　　　　　D.15.5%

3.钢产量与人口数对比,属于(　　　)。

A.平均指标　　　　　　　　　　　　　B.比例相对指标

C.比较相对指标　　　　　　　　　　　D.强度相对指标

4.反映不同空间的同类社会经济现象数量对比的相对指标是(　　　)。

A.结构相对指标　　　　　　　　　　　B.比例相对指标

C.比较相对指标　　　　　　　　　　　D.强度相对指标

5.用水平法检查计划完成程度适用于(　　　)。

A.规定计划期内某期应达到的水平　　　B.规定计划期内末期应达到的水平

C.规定计划期累计应达到的水平　　　　D.规定计划期应达到的水平

6.按反映时间状况不同,总量指标又可分为(　　　)。

A.时间指标和时点指标　　　　　　　　B.时点指标和时期指标

C.时期指标和时间指标　　　　　　　　D.实物指标和价值指标

7.总体标志总量(　　　)。

A.说明总体单位特征　　　　　　　　　B.表示总体本身的规模大小

C.是指总体各单位标志值的总和　　　　D.是指总体单位总量

8.下面属于结构相对指标的是(　　　)。

A.招生录取率　　　　B.人均钢产量　　　　C.轻重工业比例　　　D.人均国民收入

9.计划规定某产品全年成本降低 3%,实际降低了 6%,则成本降低计划超额完成程度为(　　　)。

A.6%−3%=3%　　　　　　　　　　　B.1−(94%÷97%)=−3.1%

C.94%−97%=−3%　　　　　　　　　D.(94%÷97%)−1=3.1%

10.某厂的全员劳动生产率计划在去年的基础上提高 8%,实际仅提高 4%,该厂生产率的计划完成程度为(　　　)。

A.4%÷8%=5%　　　　　　　　　　　B.104%÷108%=96.29%

C.(1−4%)÷(1−8%)=104.35%　　　　D.1−(8%−4%)=96%

11.某地区粮食产量资料见表 4-24(单位:千吨)。

表 4-24　某地区粮食产量资料

年　份	粮食产量	其中:小麦
1980	200	100
1981	250	150

动态相对数为(　　　)。

A.1.25、1.5　　　　　　　　　　　　B.2.0、1.67

结构相对数为(　　　)。

A.0.5、0.6　　　　　　　　　　　　B.0.8、0.67

12. 产量计划完成程度以（　　　）最好。

A. 大于 100%　　　　　　　B. 小于 100%　　　　　　C. 等于 100%

13. 假定我国在工业企业普查中查得全国工业企业数为 10500 个，这 10500 个是（　　　）。

A. 总体总量　　　　　　　　　　　　　B. 标志总量

查得全国工人总数为 1.5 亿人，这 1.5 亿人是（　　　）。

A. 总体总量　　　　　　　　　　　　　B. 标志总量

14. 绝对数可用下述计量单位表示：（甲）实物单位，（乙）劳动量单位，（丙）价值量单位（　　　）。

A. 甲　　　　　　　B. 乙　　　　　　C. 甲、乙　　　　　　D. 甲、乙、丙

15. 按照计划，今年产量计划比上年增长 30%，实际比计划少完成了 10%，同上年相比今年产量的实际增长程度为（　　　）。

A. 40%　　　　　　B. 60%　　　　　　C. 17%　　　　　　D. 120%

16. 结构相对数一般以百分数或成数表示，其分子和分母（　　　）。

A. 只能是总体单位数

B. 只能是总体的标志数值

C. 可以是总体单位数，也可以是总体的指标数值

D. 只能是时期指标，不能是时点指标

17. 某大学教师教授人数 20 人，（甲）教授人数占学校全部教师人数的比例是 10%，（乙）教授人员与另一学校教授人员的比例是 92%。试指出结构相对数（　　　）。

A. 甲　　　　　　B. 乙　　　　　　C. 甲、乙　　　　　　D. 都不是

18. 比较相对数是（　　　）。

A. 部分与总体对比　　　　　　　　　B. 总体中部分对比

C. 不同单位或不同地区间的对比　　　D. 不同时间的数值对比

（二）多选题

1. 下列属于绝对数的有（　　　）。

A. 某商店月末商品库存额　　　　　　B. 某地区人口净增加数

C. 全国高等学校历年毕业生人数　　　D. 某工厂月末在册人数

E. 按总人口平均的钢产量

2. 下列属于时点指标的有（　　　）。

A. 某地区人口数　　　　　　　　　　B. 某地区人口死亡数

C. 某地区在校学生数　　　　　　　　D. 某地区基本建设投资额

E. 某地区每年末拖拉机总台数

3. 时期指标的特点是（　　　）。

A. 不同时期的指标可以累计　　　　　B. 不同时期的指标不可以累计

C. 指标的大小与其说明的时期长短有关　　D. 指标的大小与其说明的时期长短无关

4. 相对指标中，分子和分母可以互相调换的有（　　　）。

A. 比较相对指标　　　　　　　　　　B. 强度相对指标

C. 比例相对指标　　　　　　　　　　D. 结构相对指标

E. 动态相对指标　　　　　　　　　　F. 计划完成程度相对指标

5.相对指标中同一总体内部数值之间对比的有（　　　）。

A.结构相对指标　　　　　　　　　　B.强度相对指标

C.比例相对指标　　　　　　　　　　D.比较相对指标

E.动态相对指标　　　　　　　　　　F.计划完成程度相对指标

6.相对指标的数值表现形式是（　　　）。

A.无名数　　　　　　B.结构数　　　　　　C.比例数

D.抽样数　　　　　　E.有名数

7.比较相对数可用于（　　　）。

A.不同国家和单位间比较　　　　　　B.不同时间比较

C.实际水平与计划水平比较　　　　　　D.落后水平与先进水平的比较

E.实际水平与标准水平或平均水平的比较

8.相对指标可以采用的表现形式是（　　　）。

A.系数或倍数　　　　　　B.成数　　　　　　C.复名数

D.百分数或千分数　　　　E.倒数

9.下列指标中的比例相对指标是（　　　）。

A.出生婴儿中正常的男女性别比例为 105∶100

B.出生婴儿中,男性占 51.2%

C.在工农业总产值中,工业总产值是农业总产值的 2.5 倍

D.某厂工人中,技术工人和辅助工人的配额是 2∶3

E.2017 年第一季度清风空调产量为舒丽空调产量的 13.3 倍

10.下列属于时点指标的有（　　　）。

A.某地区人口数　　　　　　　　　　B.某地区人口死亡数

C.某地区在校生人数　　　　　　　　D.某地区年末拖拉机台数

（三）判断题

1.总量指标是反映社会经济现象总体规模或水平的指标,它的表现形式是相对数或平均数。　　　　　　　　　　　　　　　　　　　　　　　　　　　（　　）

2.时期指标值不可以相加,并与所属的时期长短无关。　　　　　　　　（　　）

3.相对指标数值的表现形式只有无名数一种。　　　　　　　　　　　　（　　）

4.计算相对指标的原则之一是要正确选择对比的基数。　　　　　　　　（　　）

5.当计划数值是以最高限额规定时,计划完成相对数以大于或等于 100% 为好。（　　）

6.当计划数值是以最低限额规定时,计划完成相对数以大于或等于 100% 为好。（　　）

7.结构相对数是指总体中部分数值与总体数值之间的对比。　　　　　　（　　）

8.结构相对数的分子、分母数值只能是总体和部分的指标数值。　　　　（　　）

9.计划完成相对数、比较相对数、比例相对数的分子和分母数值可以互换。（　　）

10.比例相对数是指总体中的一部分数值和另一部分数值的比率。　　　（　　）

（四）计算题

1.某企业 6 月份生产情况见表 4-25。

表 4-25　某企业 6 月份生产情况

车　间	实际产量(件)	计划产量(件)
一车间	220	200
二车间	198	220
三车间	312	300

要求:计算该企业车间和全厂产量计划完成相对数。

2.某城市 2015 年末和 2016 年末人口数目和商业网点的有关资料见表 4-26。

表 4-26　某城市 2015 年末和 2016 年末人口数目和商业网点的资料

	2015	2016
人口数目(万人)	110	210
商业网数(个)	54000	12500
商业职工数(人)	138000	96000

要求:

(1)计算平均每个商业网点服务人数;

(2)计算平均每个商业职工服务人数;

(3)计算商业网点的密度。

3.某企业 2016 年职工人数和工资情况见表 4-27。

表 4-27　某企业 2016 年职工人数和工资情况

	工人数		职工工资	
	人	比重(%)	十万元	比重(%)
全民职工	7451		469	
集体职工	2048		100	
合　计	9499		569	

要求:计算表内资料的结构相对指标。

三、理论测试题(平均指标和标志变异指标)

(一)单选题

1.简单算术平均数和加权算术平数在计算结果上相同,是因为(　　　　)。

A. 权数不等　　　　　B. 不存在权数作用　　　　C. 变量值的作用

2.计算平均指标最常用的方法和最基本形式是(　　　　)。

A. 中位数　　　　　B. 众数　　　　　　　C. 调和平均数　　　　D. 算术平均数

3.权数对算术平均的影响作用,决定于(　　　　)。

A. 权数本身数值大小

B. 作为权数的单位数占总体单位数的比重大小

C. 各组标志值的大小

D. 权数的经济意义

4. 某地区有人口 120 万人,共有自行车 60 万辆,则平均每人有 0.5 辆,这个指标是(　　　)。

A. 平均指标　　　　　B. 强度相对指标　　　　C. 比较相对指标　　　　D. 总量指标

5. 标志变异指标的数值越小则(　　　)。

A. 反映变量值越分散,平均数代表性越低

B. 反映变量值越集中,平均数代表性越高

C. 反映变量值越分散,平均数代表性越高

D. 反映变量值越集中,平均数代表性越低

6. 有五位工人月工资额资料:580 元,640 元,700 元,720 元,760 元,要计算平均工资,应采用的方法是(　　　)。

A. $\sum xf / \sum f$　　　　B. $\sum m / \sum m/x$　　　　C. 中位数　　　　D. 众数

7. 下面是位置平均数的有(　　　)。

A. 众数　　　　B. 几何平均数　　　　C. 算术平均数　　　　D. 调和平均数

8. 采用加权算术平均法计算的资料是(　　　)。

A. 分组资料　　　　B. 未分组资料　　　　C. 原始资料　　　　D. 文字资料

9. 在一个数列中出现次数最多的那个标志值是(　　　)。

A. 中位数　　　　B. 众数　　　　C. 算术平均数　　　　D. 几何平均数

10. 在总体中,最大标志值与最小标志值之差为(　　　)。

A. 全距　　　　B. 平均差　　　　C. 标准差　　　　D. 离散系数

(二)多选题

1. 算术平均数的基本公式中(　　　)。

A. 分子分母属于同一总体　　　　　　　　B. 分子分母的计量单位相同

C. 分子是分母的直接承担者　　　　　　　D. 分母是分子的直接承担者

2. 权数对平均数的影响作用表现在(　　　)。

A. 当标志值较大而次数较多时,平均数靠近于标志值较大的一方

B. 当标志值较小而次数较少时,平均数靠近于标志值较小的一方

C. 当标志值较小而次数较多时,平均数靠近于标志值较小的一方

D. 当标志值较大而次数较小时,平均数靠近于标志值较大的一方

E. 当各组次数相同时,对平均数没有影响

3. 下列情况中应用调和平均数计算的有(　　　)。

A. 已知各商品的销售量价格,求平均销售价格

B. 已知各商品的销售额和销售价格,求平均销售价格

C. 已知各产品的单位成本和产量,求平均成本

D. 已知计划完成程度和实际产值,求平均计划完成程度

4. 标志变异指标可以(　　　)。

A. 评价平均数的代表性　　　　　　　　　B. 反映经济活动过程的均衡性

C. 表明生产过程的节奏性　　　　　　　　D. 说明变量值的集中趋势

5. 标志变异指标中的标准差和标准差系数的区别是(　　　)。

A. 两者的作用不同　　　　　　　　　　　B. 两者的计算方法不同

C.两者的适用条件不同　　　　　　　　D.指标的表现形式不同

6.中位数（　　　）。

A.是根据各个变量值计算的　　　　　　B.不受极端值的影响

C.是居于数列中间位置的那个标志值　　D.是位置平均数

7.两组工人加工同样的零件，第一组工人每人加工零件数为：32、25、29、28、26；第二组工人每人加工零件数为：30、25、22、36、27。这两组工人加工零件数的变异程度（　　　）。

A.一组变异程度大于二组　　　　　　　B.二组变异程度大于一组

C.两组相等　　　　　　　　　　　　　D.无法判断

8.当一个变量数列中出现个别极端值时，这些极端值（　　　）。

A.对算术平均数、中位数、众数都没有影响

B.对算术平均数、中位数、众数都有影响

C.对众数没有影响，对算术平均数有影响

D.对众数没有影响，对中位数亦没有影响

9.平均指标中的位置平均数有（　　　）。

A.调和平均数　　　　B.中位数　　　　　　C.几何平均数

D.众数　　　　　　　E.算术平均数

10.将某商店的营业员按有销售额的多少分组，以求月平均销售额，则分组资料中的权数是（　　　）。

A.各组销售额　　　　　　　　　　　　B.各组营业员人数

C.各组营业员人数比重　　　　　　　　D.各组销售额组中值

（三）判断题

1.人均粮食产量、人均国民收入等都是平均数。　　　　　　　　　（　　）

2.根据分组资料计算得到的算术平均数，只是一个近似值。　　　　（　　）

3.各个变量值与其平均数的离差之和一般都很小，但不等于零。　　（　　）

4.权数越大，算术平均数就越大。　　　　　　　　　　　　　　　（　　）

5.平均指标将各单位的数量差异抽象化了，所以平均指标数值的大小和个别标志值的大小无关。　　　　　　　　　　　　　　　　　　　　　　　　　　　（　　）

6.组距数列计算平均数的数值是准确的而不是近似值。　　　　　　（　　）

7.全距、平均差、标准差可以按分组资料计算，也可按未分组的资料计算。（　　）

8.平均指标反映了总体分布的集中趋势。　　　　　　　　　　　　（　　）

9.如果甲数列的标准差大于乙数列的标准差，则甲数列平均数的代表性高于乙数列。

　　　　　　　　　　　　　　　　　　　　　　　　　　　　　　（　　）

10.平均指标是反映总体一般水平的。　　　　　　　　　　　　　　（　　）

（四）计算题

1.某商店职工工资资料见表4-28。

表 4-28　某商店职工工资资料

按月工资额分组(元)	职工人数(人)
38	4
43	3
51	7
59	3
69	3
合　计	20

要求:计算该商店职工的平均工资。

2.某市场上有四种不同价格的苹果,每斤分别为 0.4 元、0,5 元、0.8 元、1.00 元,试分别计算:

(1)各买一斤平均每斤多少钱?

(2)各买一元钱的,平均每斤多少钱?

3.今有 3 个企业计划完成情况见表 4-29。

表 4-29　3 个企业计划完成情况

企　业	计划产量 (件)	计划完成 (%)
甲	500	103
乙	340	101
丙	250	98

要求:

(1)计算 3 个企业产量计划平均完成百分比。

(2)如果第二栏已知的是实际产量,计算 3 个企业的平均完成百分比。

4.已知某地区各工业企业产值计划完成情况以及计划产值见表 4-30。

表 4-30　某地区各工业企业产值计划完成情况及计划产值

产值计划完成情况	计划产值（万元）
90 以下	140
90~100	310
100~110	1650
110~120	710
120 以上	40

要求:根据表 4-30 计算产值的平均计划完成程度。如果在表 4-30 中,所给资料不是计划产值,而是实际产值,试计算产值的平均计划完成程度。

5.某农产品采购站,本月购进三种产品,每批价格及采购金额见表 4-31。

表 4-31　三种产品的每批价格及采购金额

	价格(元/公斤) x	采购金额(元) M	采购量(公斤) M/x
第一批	50	11000	
第二批	55	27500	

	价格(元/公斤)	采购金额(元)	采购量(公斤)
	x	M	M/x
第三批	60	18000	
合　计	—	56500	

要求:根据以上资料计算平均每公斤价格。

6.某厂工人按年龄分组资料见表 4-32。

表 4-32　某厂工人按年龄分组资料

工人按年龄分组	工人数
25 以下	8
25～35	4
35～45	3
45 以上	5
合　计	20

要求:

(1)计算年龄的平均数(平均数结果整数)、标准差。

(2)又知 A 厂年龄标准差 10.6,平均数是 33.5 岁,比较两厂平均年龄的代表性。

7.某厂月工资额资料见表 4-33。

表 4-33　某厂月工资额资料

月工资额(元)	工人人数比重(%)
50～60	5
60～70	10
70～80	25
80～90	35
90～100	15
100 以上	10
合　计	100

要求:

(1)计算平均工资、标准差、平均差、标准差系数。(平均数结果取整数)

(2)A 厂的平均工资为 75.5 元,标准差为 10.6 元,标准差系数是多少,并比较两厂平均工资的代表性的大小。

Excel 统计功能应用:公式的编制

使用分组数据资料,应用 Excel 软件来计算描述统计量时,通常方法是在单元格中输入描述统计量的计算公式来计算。因为公式是 Excel 的核心功能之一,所以它使 Excel 工作表具有"计算"能力,我们只需输入原始数据,进一步的计算用公式来实现,既准确快速又方便。

1. 公式三要素

(1)“＝”号：这是公式的标志。

(2)操作符：表示执行哪种运算，有关操作符含义为：“＋”加法；“－”减法；“＊”乘法；“/”除法；“%”百分比；“^”乘方。

(3)数：引用的单元格、函数及常数。

2. Excel 常用公式

(1)算术运算符。

(2)比较运算符。

(3)文本运算符。

(4)引用运算符。

(5)运算顺序。

(6)数值转换。

(7)日期和时间。

(8)语法。

3. 公式输入

根据图 4-2 中某公司产品销售金额资料，计算该公司 A 产品年销售额。

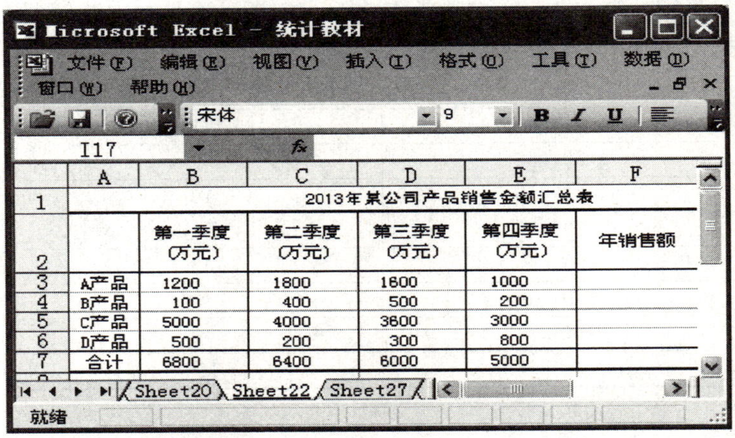

	A	B	C	D	E	F
1	2013年某公司产品销售金额汇总表					
2		第一季度（万元）	第二季度（万元）	第三季度（万元）	第四季度（万元）	年销售额
3	A产品	1200	1800	1600	1000	
4	B产品	100	400	500	200	
5	C产品	5000	4000	3600	3000	
6	D产品	500	200	300	800	
7	合计	6800	6400	6000	5000	

图 4-2　某公司产品销售金额资料

具体操作步骤如下：

第一步，选定单元格 F3。

第二步，在单元格 F3 中输入公式“＝B3＋C3＋D3＋E3”，按“回车”键，得到计算结果，见图 4-3。

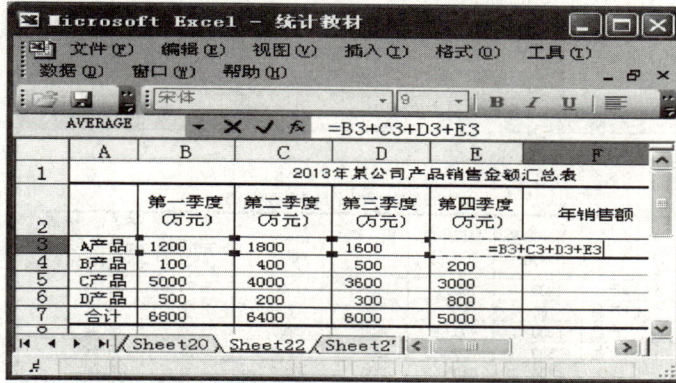

图 4-3　输入公式

4.公式复制

公式复制是 Excel 中非常重要的功能,利用公式复制使带有"重复性"的操作得以简化,实现了过去只能编写程序才能完成的功能。公式复制最简便操作是利用单元格填充句柄。一般操作步骤如下:

第一步:在某一单元格中输入公式。

第二步:鼠标指向此单元格的填充句柄,向下(或上、左、右等方向)复制。

注意:首先,公式必须以"="号开始。其次,如果公式输入不正确,则 Excel 报错。最后,注意引用单元的方法,其中包括相对引用、绝对引用和混合引用。

仍以上面图中数据为例,计算产品年销售额占公司总销售额的百分比指标。具体操作步骤如下:

第一步:在单元格 G3 中输入公式"=F3/＄F＄7＊100"后,按"回车"键,得到计算结果。

第二步:应用单元格填充柄功能复制 G3 公式。操作步骤见图 4-4 和图 4-5。

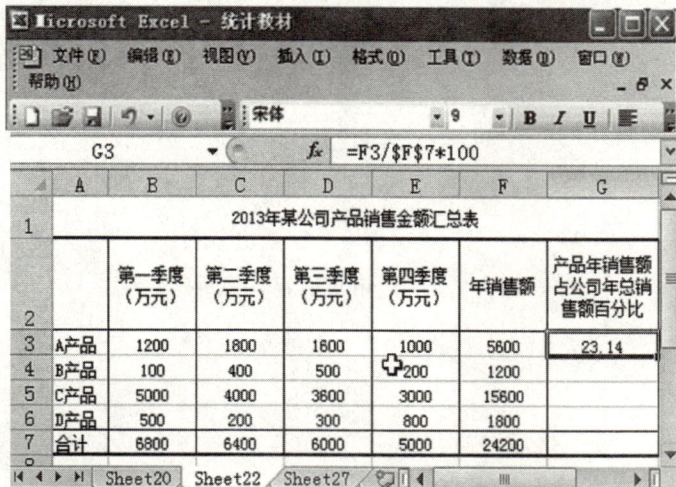

图 4-4　操作步骤(一)

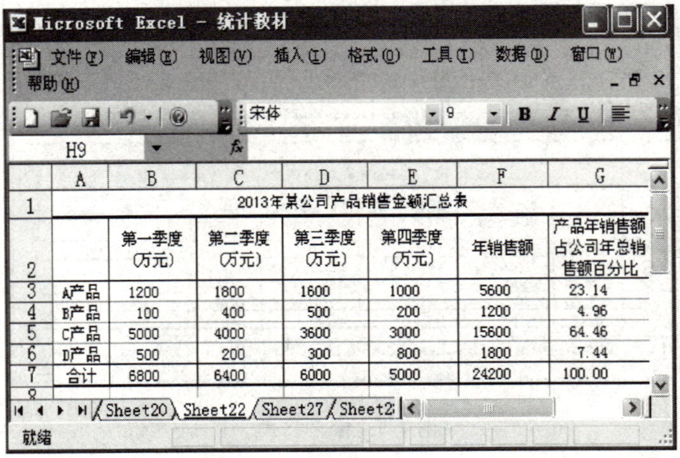

图 4-5　操作步骤(二)

单元五　动态数列

知识目标

● 了解动态数列的概念。

● 熟悉动态数列的种类。

● 掌握动态数列的编制原则。

● 熟悉水平指标和速度指标的应用条件。

● 掌握水平指标和速度指标的计算方法。

能力目标

● 能够根据原始资料编制动态数列。

● 能够用水平指标分析社会经济问题。

● 能够用速度指标分析社会经济问题。

单元描述

社会消费品零售总额反映的是批发和零售业、住宿和餐饮业以及其他行业直接售给城乡居民和社会集团的消费品零售额。简单来说,就是与城乡居民衣食住行这些基本消费有关的销售总额。它能看出一定时期内人民物质文化生活水平的提高情况,反映社会商品购买力的实现程度,它也是研究国内零售市场变动情况、反映经济景气程度的重要指标。本单元以社会消费品零售总额为例,学习一下动态数列的相关知识。

任务一　动态数列的概念和种类

【任务布置】

下面是我国在 2012 年至 2015 年期间社会消费品零售总额统计表(见表 5-1),根据本任务内容,请说明,社会消费品零售总额统计表是否属于动态数列,判断依据是什么?

表 5-1　社会消费品零售总额统计表

时　间	社会消费品零售总额(亿元)	比上年增长(%)
2012 年	214432.7	14.5
2013 年	242842.8	13.2

时　间	社会消费品零售总额（亿元）	比上年增长（%）
2014 年	271896.1	12
2015 年	300930.8	10.7

【知识准备】

　　动态数列是一种特殊的变量数列，变量数列中的统计指标数值可以按不同的顺序加以排列，如果是按时间先后顺序加以排列，则形成动态数列。

一、动态数列的概念

　　动态数列是指将同一总体现象的统计指标数值按其发生的时间先后顺序排列而成的数列。动态数列亦称为时间数列。

　　动态数列一般由两个基本要素构成：①现象所属的时间；②反映该现象的统计指标数值。

　　例如：表 5-2 就是一个时间数列。

表 5-2　　我国 2006—2011 年期间的私人汽车拥有量　　　　单位：万辆

年　份	2006 年	2007 年	2008 年	2009 年	2010 年	2011 年
私人汽车拥有量	181	212	248.3	300.3	374.4	389.7

二、动态数列的作用

　　对动态数列进行研究和分析，具有重要的作用，具体表现在：

　　(1)动态数列可以描述社会经济现象的发展状态和结果；

　　(2)通过动态数列资料可以研究社会经济现象的发展趋势和发展速度；

　　(3)通过对动态数列进行分析可以探索社会经济现象发展变化的规律性；

　　(4)通过动态数列对某些社会经济现象进行预测，是统计预测方法的一个重要内容；

　　(5)把不同的动态数列进行对比，是对社会经济现象进行统计分析的重要方法之一。

三、动态数列的种类

　　动态数列按其排列的统计指标不同，可以分为：绝对数动态数列、相对数动态数列和平均数动态数列三种。其中，绝对数动态数列是基本数列，其余两种是派生数列。

　　1.绝对数动态数列

　　将一系列同类的总量指标按时间先后顺序排列而成的时间数列叫做绝对数动态数列。它反映社会经济现象在各时间达到的绝对水平及其发展变化情况。如果按其所反映的社会经济现象性质来看，可分为时期数列和时点数列。

(1)时期数列。

当动态数列中所包含的总量指标都是反映社会经济现象在某一段时期内发展过程的总量时,这种绝对数动态数列就称为时期数列。例如:表 5-1 所列的我国 1995—2000 年间的国民生产总值(GNP)就是一个时期数列。

时期数列的特点主要有:①数列中每个指标数值可以相加,其和表示现象在更长时间内的发展总量。②数列中每个指标数值的大小与其时期长短有直接关系。在时期数列中每个指标所包括的时期长度叫做"时期"。除个别指标数值可能出现负数外,一般来讲时期愈长,指标数值就愈大,反之就愈小。③数列中的每个指标数值,通常是通过连续不断的登记而取得的。

(2)时点数列。

当动态数列中所包含的总量指标都是反映社会经济现象在某一瞬间上所达到的水平时,这种绝对数动态数列就称为时点数列。例如:表 5-3 中所列的我国 2007—2012 年期间人口数、普通高等学校在校生人数就是一个时点数列。

表 5-3　我国 2007—2012 年期间人口数与普通高等学校在校生人数统计表

单位:万人

年　份	人口数	普通高等学校在校生人数
2007	132129	1884.9
2008	132802	2021.0
2009	132450	2144.7
2010	132091	2231.8
2011	132735	2308.5
2012	135404	2391.3

时点数列的特点主要有:①数列中每个指标数值不能相加;②数列中每个指标数值的大小与其间隔长短没有直接联系;③数列中的每个指标数值,通常是通过每隔一定时期登记一次取得。

2. 相对数动态数列

将一系列同一种相对指标按时间先后顺序排列而成的时间数列叫做相对数动态数列。它反映社会经济现象之间相互联系的发展过程。例如:根据历年人均国民生产总值指标而编制的动态数列就是相对数动态数列。在相对数动态数列中,各个指标数值是不能相加的。

3. 平均数动态数列

将同一系列同一种指标按时间先后顺序排列而成的动态数列叫做平均数动态数列。它反映社会经济现象一般水平的发展趋势。例如:根据我国历年粮食单位面积产量指标而编制的数列就是平均数动态数列。在平均数动态数列中,各个指标数值也是不能相加的。

四、动态数列的特征

社会经济现象的发展变化是许多错综复杂的因素共同作用的结果,这些因素使时间数列一般表现出三种特征:

(1)长期趋势,是指社会经济现象在某一相当长的时期内呈现出向上发展变化的趋势或向下发展变化的趋势或稳定的水平趋势。

（2）季节变动，是指社会经济现象由于受季节性改变而呈现出规律性的变动。

（3）不规则变动，是指社会经济现象由于受某些偶然的、不规则的、孤立的因素影响而发生的持续时间很短、无一定规则，分辨不出是什么形式的变动。

五、编制动态数列的原则

保证动态数列中各个指标数值具有可比性是编制动态数列应遵守的基本原则。具体来讲，在编制动态数列时应遵守以下原则：

第一，指标数值所属的总体范围应该一致；

第二，指标的经济涵义应该相同；

第三，指标数值的计算方法、计算价格和计量单位应该一致。

【任务实施】

社会消费品零售总额统计表是动态数列，社会消费品零售总额是统计指标，同时是按照时间顺序进行排列的，反映了社会消费品零售总额随着时间变化的趋势，动态地反映出一定时期内人民物质文化生活水平。

相关链接——对动态数列进行分析的目的

动态数列分析是一种广泛应用的数量分析方法，它主要用于描述和探索现象随时间发展变化的数量规律。对动态序列进行分析的目的主要表现在三个方面：一是为了描述现象在过去时间的状态；二是为了揭示现象发展变化的规律性；三是为了预测现象在未来时间的行为。

任务二　动态数列的水平指标

【任务布置】

企业的职工人数是随着时间而不断变化的，以表 5-4 某工厂 2016 年职工人数资料为例，根据本任务学习内容，试计算出该厂 2016 年的平均职工人数。这就是水平指标的典型应用。

表 5-4　某工厂 2016 年职工人数资料

时间	上年末	3 月 31 日	5 月 31 日	8 月 31 日	10 月 31 日	12 月 31 日
人数（人）	2100	2160	2140	2300	2400	2480

【知识准备】

动态数列的水平指标包括：发展水平、平均发展水平、增长量和平均增长量。

一、发展水平

在动态数列中每个指标数值叫做发展水平或动态数列水平，它是计算其他动态分析指标的基础。它既可以用总量指标来表示,也可以用相对指标或平均指标来表示。

动态数列中的第一个指标数值称为最初水平,最后一个指标数值称为最末水平,其余各个指标数值称为中间水平。在动态分析中,将所研究的那一时期的指标数值称为报告期水平或计算期水平,而将用来比较的基础时间水平称为基期水平。在本单元中用 $a_0,a_1,\cdots,a_n$ 代表动态数列中的各个发展水平,则 a_0 为最初水平、a_n 为最末水平,其余 $a_1,a_2,\cdots,a_{n-1}$ 为中间水平。

二、平均发展水平

1.平均发展水平概述

平均发展水平是将不同时期的发展水平加以平均而得到的平均数,它亦称为"序时平均数"或"动态平均数"。

它与一般平均数的共同点在于:它们都是将研究现象的个别数量差异抽象化,概括地反映现象的一般水平。

两者的区别在于:平均发展水平所平均的是社会经济现象在不同时间上的数量差异,从动态上说明其在某一段时间内发展的一般水平,它是根据时间数列来计算的;而一般平均数是将总体各单位某一数量标志值在同一时间上的数量差异抽象化,从静态上说明现象在具体历史条件下的一般水平,它是根据变量数列来计算的。

平均发展水平在动态分析中的作用表现在:①反映某种社会经济现象在一段时间内发展所达到的一般水平;②消除社会经济现象在短时间内波动的影响,从而观察现象的发展趋势;③解决时间数列中的可比性问题;④便于进行更广泛的对比。

2.序时平均数的计算

在计算序时平均数时,由于所依据的时间数列种类不同,其计算方法有所不同。

(1)根据绝对数时间数列计算序时平均数。

由于绝对数时间数列又可以分为时期数列和时点数列,因此计算序时平均数的方法有两种:

第一,根据时期数列计算序时平均数。根据时期数列自身的特点,在计算序时平均数时,可采用简单算术平均法,即以时期数列中各个指标值之和除以时期项数,用公式表示如下:

$$\bar{a} = \frac{a_1 + a_2 + \cdots + a_n}{n} = \frac{\sum_{i=1}^{n} a_i}{n}$$

式中:$\bar{a}$ 代表序时平均数;a_i 代表各时期发展水平($i=1,2,\cdots,n$);n 代表时期项数。

【例 5-1】 已知某工业企业 2016 年 1 月份工业总产值为 25.6 万元,2 月份工业总产值为 26 万元,3 月份工业总产值为 27.3 万元,计算该工业企业 2016 年第一季度平均每月工业总产值。

解:根据公式计算,得

$$\bar{a} = \frac{25.6 + 26 + 27.3}{3} = 26.3(万元)$$

第二,根据时点数列计算序时平均数。时点数列都是瞬间资料,时间数列中的两个时点之间一般都是有一定间隔的,因此,时点数列一般都是间断时点数列。但是,如果时点数列的资料是逐日记录,且又是逐日排列的,这样的时点数列就可看作是连续时点数列。无论在连续时

点数列中,还是在间断时点数列中,都存在着间隔相等和间隔不等两种情况。这样根据时点数列计算序时平均数的方法有以下四种:

第一种:根据间隔相等连续时点数列计算序时平均数的方法,可采用简单算术平均法,用公式表示如下:

$$\bar{a} = \frac{a_1 + a_2 + \cdots + a_{n-1} + a_n}{n} = \frac{\sum_{i=1}^{n} a_i}{n}$$

【例5-2】 已知某工业企业2015年1月份每天的职工人数,则该工业企业2015年1月份每天平均职工人数可用上述公式来计算。

第二种:根据间隔不等连续时点数列计算序时平均数的方法,可采用以每次变动持续的间隔长度为权数(f)的加权算术平均法,用公式表示如下:

$$\bar{a} = \frac{\sum af}{\sum f}$$

【例5-3】 已知某工业企业2016年1月1日至1月10日每天出勤职工人数都是1710人,1月11日至1月底每天出勤职工人数都是1400人,计算该工业企业2016年1月份平均每天出勤职工人数。

解:根据公式计算,得

$$\bar{a} = \frac{1710 \times 10 + 1400 \times 21}{10 + 21} = 1500(人)$$

第三种:根据间隔相等间断时点数列计算序时平均数的方法,可采用简单序时平均法,用公式表示如下:

$$\bar{a} = \frac{\frac{a_1}{2} + a_2 + a_3 + \cdots + \frac{a_n}{2}}{n-1}$$

【例5-4】 已知某省2016年人口数资料如表5-5所示,计算2016年该省的年平均人口数。

表5-5　某省2016年人口数　　　　单位:百万人

时　间	2016年1月1日	2016年4月1日	2016年7月1日	2016年10月1日	2016年12月31日
人口数	32.0	33.1	33.9	35.0	36.0

解:根据公式计算,得:

$$\bar{a} = \frac{\frac{a_1}{2} + a_2 + a_3 + \cdots + \frac{a_n}{2}}{n-1}$$

$$= \frac{\frac{32.0}{2} + 33.1 + 33.9 + 35.0 + \frac{36.0}{2}}{5-1} = \frac{136}{4} = 34(百万人)$$

第四种:根据间隔不等间断时点数列计算序时平均数的方法,可采用以间隔时间为权数(f)的加权序时平均法,用公式表示如下:

$$\bar{a} = \frac{\frac{a_1 + a_2}{2}f_1 + \frac{a_2 + a_3}{2}f_2 + \cdots + \frac{a_{n-1} + a_n}{2}f_{n-1}}{f_1 + f_2 + \cdots + f_{n-1}}$$

【例 5-5】 已知某省 2016 年人口数资料如表 5-6 所示，计算 2016 年该省年平均人口数。

表 5-6　某省 2016 年人口数 　　　　　　　　　　　　　　单位：百万人

时　间	2016 年 1 月 1 日	2016 年 3 月 1 日	2016 年 7 月 1 日	2016 年 11 月 1 日	2016 年 12 月 31 日
人口数	32.0	33.1	33.9	35.3	36.0

解： 根据表 5-6 中的资料，可得：

$a_1 = 32.0$　　$a_2 = 33.1$　　$a_3 = 33.9$　　$a_4 = 35.3$　　$a_5 = 36.0$

$f_1 = 2$（个月）　　$f_2 = 4$（个月）　　$f_3 = 4$（个月）　　$f_4 = 2$（个月）

代入公式得：

$$\bar{a} = \frac{\dfrac{32.0+33.1}{2}\times2 + \dfrac{33.1+33.9}{2}\times4 + \dfrac{33.9+35.3}{2}\times4 + \dfrac{35.3+36.0}{2}\times2}{2+4+4+2}$$

$$= \frac{408.8}{12} = 34.07（百万人）$$

（2）根据相对数时间数列计算序时平均数。

相对数动态数列一般是由两个具有密切联系的绝对数动态数列相应指标数值对比而得出的相对指标所组成，所以根据相对数动态数列计算序时平均数的基本方法，就是先计算构成相对数动态数列的分子与分母数列的序时平均数，然后再将这两个序时平均数进行对比，用公式表示如下：

$$\bar{c} = \frac{\bar{a}}{\bar{b}}$$

式中：$\bar{c}$ 代表相对数动态数列的序时平均数；$\bar{a}$ 代表分子数列的序时平均数；$\bar{b}$ 代表分母数列的序时平均数。

由于分子、分母数列的种类不同，可参考前述计算序时平均数的有关方法，分别求出 $\bar{a}$、$\bar{b}$ 进而再求出 $\bar{c}$。

【例 5-6】 已知某工业企业 2015 年各季度工业总产值计划完成程度的资料如表 5-7 所示，计算该工业企业 2015 年工业企业总产值平均计划完成程度。

表 5-7　某工业企业 2015 年各季度工业总产值计划完成情况

	1 季度	2 季度	3 季度	4 季度
实际工业总产值（万元）	165.6	171.9	174.5	184.8
计划工业总产值（万元）	150	165	170	175
计划完成程度（%）	110.4	104.2	102.6	105.6

解： 在本例中，计划完成程度（%）动态数列是由两个时期数列对应指标数值（实际工业总产值与计划工业总产值）对比形成的，所以可根据前述公式来计算该工业企业 2015 年工业总产值平均计划完成程度。

$$\bar{c} = \frac{\bar{a}}{\bar{b}} = \frac{165.6+171.9+174.5+184.8}{150+165+170+175} = \frac{696.8}{660} \times 100\% = 105.6\%$$

【例 5-7】 根据表 5-3 中的资料，计算我国 2007—2012 年期间普通高等学校在校生人数占总人口数的平均比重。

解：在本例中，普通高等学校在校生人数占总人口数的平均比重是由两个间隔相等间断时点数列对应指标数值（在校生人数与人口总数）对比形成的，所以可根据前述相关公式来计算我国 2007—2012 年期间普通高等学校在校生人数占总人口数的平均比重。

$$\bar{c}=\frac{\bar{a}}{\bar{b}}=\frac{\frac{1884.9}{2}+2021+2144.7+2231.8+2308.5+\frac{2391.3}{2}}{\frac{132129}{2}+132802+132450+132091+132735+\frac{135404}{2}}$$

$$=\frac{10844.1}{663844.5}\times100\%=1.63\%$$

【例 5-8】 已知某工业企业 2016 年下半年各月有关的劳动生产率资料如表 5-8 所示，计算该工业企业 2016 年下半年平均月劳动生产率。

表 5-8　某工业企业 2016 年下半年各月劳动生产率

	7 月	8 月	9 月	10 月	11 月	12 月
工业总产值（万元）	57.3	59.1	58.1	60.3	61.8	62.7
月初工人数（人）	205	230	225	210	220	225
劳动生产率（元/人）	2795	2570	2582	2871	2809	2787

注：12 月末工人数为 230 人。

解：在本例中，劳动生产率动态数列是由时期数列和间隔相等间断时点数列对应指标数值（工业总产值与月初工人数）对比形成的，可根据相应公式来计算该工业企业 2016 年下半年平均劳动生产率。

$$\bar{c}=\frac{\bar{a}}{\bar{b}}=\frac{(57.3+59.1+58.1+60.3+61.8+62.7)\div6}{\left(\frac{205}{2}+230+210+220+225+\frac{230}{2}\right)\div5}=\frac{59.88}{220.5}=2715.65(\text{元/人})$$

如果在计算时所掌握的统计资料缺少 a 和 b 其中之一，则可用公式 $c=\frac{a}{b}$ 求出所缺的资料，然后再计算 $\bar{c}$。

（3）根据平均数动态数列计算序时平均数。

平均数动态数列可由一般平均数或序时平均数组成。在根据由序时平均数所组成的平均数动态数列计算序时平均数时，如果时期相等，可直接采用简单算术平均法来计算；如果时期不等，则采用以时期为权数的加权算术平均法来计算。至于由一般平均数所组成的平均数动态数列，实质上是由两个绝对数动态数列相应指标数值对比所形成的，分子数列是标志总量数列，分母数列是总体单位总数数列，因此要计算这种平均数动态数列的序时平均数，也和相对数动态数列一样，先分别计算分子数列和分母数列的序时平均数，然后将这两个序时平均数进行对比，即求得平均数动态数列的序时平均数。

三、增长量

增长量是用来说明社会经济现象在一定时期内所增长的绝对数量的指标，它是报告期水平和基期水平之差，反映报告期比基期增长的水平。由于所采用的基期不同，增长量又可分为逐期增长量和累计增长量两种。

逐期增长量是报告水平与前一时期水平之差，说明报告期水平比前一期水平增长的绝对

数量,用公式表示如下:

$$a_i - a_{i-1} \quad (i=1,2,\cdots,n)$$

累计增长量是报告期水平与某一固定时期水平(通常为最初水平)之差,说明报告期水平比某一固定时期水平增加的绝对数量,也即说明在某一段较长的时期内总的增长量,用公式表示如下:

$$a_i - a_0 \quad (i=1,2,\cdots,n)$$

逐期增长量与累计增长量之间具有一定的关系,即累计增长量等于相应的逐期增长量之和,用公式表示如下:

$$a_n - a_0 = (a_1 - a_0) + (a_2 - a_1) + \cdots + (a_{n-1} - a_{n-2}) + (a_n - a_{n-1})$$

【例 5-9】 根据表 5-9 所给资料,计算我国某药企销售收入的逐期增长量和累计增长量。

解:根据公式计算,结果如表 5-9 所示。

表 5-9　我国某大型药企 2011—2016 年销售收入及增长量　　　　单位:万元

年　份	2011 年	2012 年	2013 年	2014 年	2015 年	2016 年
销售收入	57494.9	66850.5	73142.7	76967.2	80579.4	88189.6
销售收入逐期增长量	—	9355.6	6292.2	3824.5	3612.2	7610.2
销售收入累计增长量	—	9355.6	15647.8	19472.3	23084.5	30694.7

增长量指标的单位与原有发展水平的单位是相同的,当发展水平增长时,这个增长量就表现为正值,说明增加的绝对量;反之,当发展水平下降时,这个增长量就表现为负值,说明减少或降低的绝对量。因此,增长量指标也可叫做"增减量"指标。

此外,在实际统计工作中,为了消除季节变动的影响,常计算年距增长量,用公式表示如下:

$$年距增长量 = 本期发展水平 - 去年同期发展水平$$

四、平均增长量

平均增长量是用来说明某种社会经济现象在一定时期内平均每期增长的数量的指标,它也是一种序时平均数,用公式表示如下:

$$平均增长量 = \frac{逐期增长量之和}{逐期增长量个数} = \frac{累计增长量}{时间数列项数 - 1}$$

【例 5-10】 根据表 5-9 的有关资料,计算该企业 2011 年至 2016 年期间每年的平均增长量。

解:根据公式计算得:

$$平均增长量 = \frac{累计增长量}{时间数列项数 - 1} = \frac{30694.7}{5} = 6138.94(万元)$$

【任务实施】

该厂 2016 年平均职工人数为:

$$\bar{a} = \frac{\dfrac{a_1+a_2}{2} \cdot f_1 + \dfrac{a_2+a_3}{2} \cdot f_2 + \cdots + \dfrac{a_{n-1}+a_n}{2} \cdot f_{n-1}}{f_1 + f_2 + \cdots + f_{n-1}}$$

$$=\frac{\frac{2100+2160}{2}\times3+\frac{2160+2140}{2}\times2+\frac{2140+2300}{2}\times3+\frac{2300+2400}{2}\times2+\frac{2400+2480}{2}\times2}{3+2+3+2+2}$$

$$=2244(人)$$

相关链接——动态分析的基本方法

> 动态分析的基本方法,主要包括动态数列水平分析、速度分析、趋势分析、季节变动分析、周期波动分析。方法核心是通过处理和分析动态数据,以揭示现象发展变化的水平、速度、趋势和规律。

任务三　动态数列的速度指标

【任务布置】

已知某管理局所属甲乙两企业产值的环比发展速度资料如表 5-10 所示,根据本任务学习内容,试分别计算甲乙企业产量的平均发展速度及平均增减速度。

表 5-10　甲乙两企业产值的环比发展速度资料

企　业	2015 年	2016 年
甲	80%	211.25%
乙	80%	180%

【知识准备】

动态数列的速度指标包括:发展速度、增长速度、平均发展速度、平均增长速度。

一、发展速度

发展速度是表明社会经济现象发展程度的相对指标,它是根据两个不同时期发展水平对比求得,说明报告期水平是基期水平的几倍或百分之几,常用倍数或百分数来表示。由于所采用的基期不同,发展速度又可分为定基发展速度和环比发展速度。

定基发展速度是指报告期水平与某一固定时期水平(通常是最初水平)之比,表明这种社会经济现象在较长时期内总的发展速度,因此也叫"总速度",用公式表示如下:

定基发展速度:　　　　　$\frac{a_i}{a_0}$　　$(i=1,2,\cdots,n)$

环比发展速度是指报告期水平与前一期水平之比,表明这种社会现象逐期的发展速度。如果计算的单位时期为一年,那么这个指标也称为"年速度",用公式表示如下:

环比发展速度:　　　　　$\frac{a_i}{a_{i-1}}$　　$(i=1,2,\cdots,n)$

定基发展速度与环比发展速度之间具有一定的关系:

(1)定基发展速度等于相应各个环比发展速度的连乘积,用公式表示如下:

$$\frac{a_n}{a_0} = \frac{a_1}{a_0} \times \frac{a_2}{a_1} \times \cdots \times \frac{a_{n-1}}{a_{n-2}} \times \frac{a_n}{a_{n-1}}$$

(2)将相邻时期的定基发展速度相除,即可求得相应的环比发展速度,用公式表示如下:

$$\frac{a_n}{a_0} \div \frac{a_{n-1}}{a_0} = \frac{a_n}{a_{n-1}}$$

此外,在实际统计工作中,为了消除季节变动的影响,常计算年距发展速度,用公式表示如下:

$$年距发展速度 = \frac{本期发展水平}{去年同期发展水平}$$

二、增长速度

增长速度是表明社会经济现象增长程度的相对指标,它是根据增长量与其基期水平对比求得,说明报告期水平比基期水平增加了几倍或百分之几。增长速度与发展速度之间存在一定的数量关系,用公式表示如下:

$$增长速度 = \frac{增长量}{基期水平} = \frac{报告期水平 - 基期水平}{基期水平}$$

$$= \frac{报告期水平}{基期水平} - 1 = 发展速度 - 1$$

由上述公式可知:若发展速度大于 1,则增长速度为正值,表示这种社会经济现象增长的程度;反之,若发展速度小于 1,则增长速度为负值,表示这种社会经济现象降低的程度。

增长速度由于所采用的基期不同,可分为定基增长速度和环比增长速度。前者表明社会经济现象在较长时期内总的增长程度,后者表明社会经济现象逐期的增长程度。用公式分别表示如下:

$$定基增长速度 = 定基发展速度 - 1 = \frac{累计增长量}{最初水平}$$

$$环比增长速度 = 环比发展速度 - 1 = \frac{逐基增长量}{前一时期水平}$$

【例 5-11】　根据表 5-11 所给的资料,计算我国某大型生产企业销售收入的发展速度和增长速度。

解:根据有关公式进行计算,结果如表 5-11 所示。

表 5-11　我国某大型生产企业 2011—2016 年期间的销售收入发展速度和增长速度

年　份		2011 年	2012 年	2013 年	2014 年	2015 年	2016 年
销售收入 (万元)		57494.9	66850.5	73142.7	76967.2	80579.4	88189.6
发展速度 (%)	定基	—	116.27	127.22	133.87	140.15	153.39
	环比	—	116.27	109.41	105.23	104.15	109.44
增长速度 (%)	定基	—	16.27	27.22	33.87	40.15	53.39
	环比	—	16.27	9.41	5.23	4.69	9.44

此外,在实际统计工作中,为了消除季节变动的影响,常计算年距增长速度,用公式表示

如下：

$$年距增长速度 = \frac{年距增长量}{去年同期发展水平} = 年距发展速度 - 1$$

三、平均发展速度和平均增长速度

平均发展速度是一种根据环比发展速度计算的序时平均数，它表明社会经济现象在一个较长的时期内逐期平均发展变化的程度。平均增长速度表明社会经济现象逐期平均增长变化的程度，虽不能根据各个环比增长速度直接求得，但与平均发展速度之间存在着一定的数量关系，用公式表示如下：

$$平均增长速度 = 平均发展速度 - 1$$

由于环比发展速度是根据同一社会经济现象在不同时间发展水平对比而得到的动态相对数，因此，在计算平均发展速度时，不能采用前述计算序时平均数的方法，通常采用水平法和累计法。

1. 水平法

水平法，又称几何平均法，其特点是：从最初水平 a_0 出发，每期平均发展速度为 $\bar{x}$，经过 n 期发展，达到最末 a_n 水平。按这种方法计算平均发展速度 $\bar{x}$ 可用公式表示如下：

$$\bar{x} = \sqrt[n]{\frac{a_n}{a_0}} = \sqrt[n]{x_1 \cdot x_2 \cdots x_n} = \sqrt[n]{\prod x_i} = \sqrt[n]{R}$$

式中 $\bar{x}$ 代表平均发展速度；x_i 代表各个环比发展速度$(i = 1, 2, \cdots, n)$；$\prod$ 为连乘积符号；R 代表总速度；n 代表时间数列的时期项数减 1。

2. 累计法

累计法，又称方程法，其特点是：从最初水平 a_0 出发，每期按固定的平均发展速度 $\bar{x}$ 发展，各期计算水平之和等于各期实际水平之和。按这种方法计算平均发展速度 $\bar{x}$ 可用公式表示如下：

$$\bar{x} + \bar{x}^2 + \cdots + \bar{x}^n = \frac{\sum a_i}{a_0}$$

这个高次方程的正根就是所求的平均发展速度 $\bar{x}$，由于求解这个方程非常麻烦，一般都是借助"平均增长速度查对表"来求得。

【例 5-12】　根据表 5-11 的资料计算我国某大型生产企业销售收入的平均速度指标。

解：按水平法计算，根据公式得

$$\bar{x} = \sqrt[n]{\frac{a_n}{a_0}} = \sqrt[5]{\frac{88189.6}{57494.9}} = \sqrt[5]{1.5339} = 108.93\%$$

平均增长速度 $= \bar{x} - 1 = 108.93\% - 1 = 8.93\%$

平均发展速度 $= 1 + 8.93\% = 108.93\%$

按水平法计算的平均速度指标和按累计法计算的平均速度指标是不一致的，两种方法的主要区别在于：水平法着重考虑最后一年所达到的发展水平；而累计法着重考虑整个时期累计发展的总量。因此，在实际统计工作中，应当根据时间数列性质、分析研究的目的以及具体要求来选择平均速度的计算方法。

附资料 5-1

动态数列的预测应用

随着互联网的发展,微信的普及,使得手机成为人们生活不可分割的组成部分,甚至有专家呼吁,手机已经成为人类的精神鸦片,健康杀手。但是对于手机生产厂家而言,这将意味着市场容量的巨大,因此某手机生产厂家产量计划规定 2020 年将比 2015 年增加 135%,不仅能增加销售收入,还能因为产生规模效益而降低成本,试问:①该厂家每年应该平均增长百分之几才能达到这个水平? ②若预计 2017 年该产品比 2015 年增长 55%,问以后三年中每年平均应该增长百分之几才能完成计划规定?

这几个数据都是生产厂家迫切需要的数据,而利用统计学中动态数列的相关知识可以轻松解出。

解:

① $\sqrt[5]{135\%} = 18.64\%$

② $235\% = 155\% \times \overline{x}^3$

$\overline{x} = 114.88\%$

$\overline{x}' = \overline{x} - 100\% = 114.88\% - 100\% = 14.88\%$

因此,该厂家每年产量应该平均增长 18.64%,才能达到 2020 年比 2015 年增加 135% 的目标,厂家可以根据每年实际产量增长的情况,进行计划的调节和达标的预测。如果 2017 年比 2015 年增长 55%,则以后三年中每年平均应该增长 14.88% 才能完成计划规定。

【任务实施】

(1)甲企业平均发展速度:

$$\overline{x} = \sqrt[n]{x_1 \cdot x_2 \cdot \cdots \cdot x_n} = \sqrt[2]{80\% \times 211.25\%} = 130\%$$

(2)甲企业平均增减速度:

$$\overline{x}' = \overline{x} - 100\% = 130\% - 100\% = 30\%$$

(3)乙企业平均发展速度:

$$\overline{x} = \sqrt[n]{x_1 \cdot x_2 \cdot \cdots \cdot x_n} = \sqrt[2]{80\% \times 180\%} = 120\%$$

(4)乙企业平均增减速度:

$$\overline{x}' = \overline{x} - 100\% = 120\% - 100\% = 20\%$$

相关链接——1% 的绝对值

为了把速度指标、水平指标结合起来,深入分析环比增长速度与逐期增长量之间的关系,进一步反映增长速度的实际效果,有必要计算环比增长速度每增减一个百分点所代表的绝对量,通常称为增长 1% 的绝对值。计算公式为:

$$增长 1\% 的绝对值 = \frac{逐期增长量}{环比增长速度 \times 100} = \frac{前一期水平}{100}$$

单元小结

●动态数列是指将同一总体现象的统计指标数值按其发生的时间先后顺序排列而成的数列,动态数列亦称为时间数列。

●动态数列一般由现象所属的时间和反映该现象的统计指标数值两个基本要素构成。

●动态数列的水平指标包括:发展水平、平均发展水平、增长量和平均增长量。

●动态数列的速度指标包括:发展速度、增长速度、平均发展速度、平均增长速度。

复习思考题

一、思考题

1.动态数列的涵义和作用是什么?

2.动态数列按其排列的统计指标不同,可以分为哪几类?

3.编制时间数列的原则是什么?

4.动态数列水平指标有哪些?

5.动态数列速度指标有哪些?

6.水平法与累计法计算平均发展速度有何不同?

二、理论测试题

(一)单选题

1.构成动态数列的两个基本要素是(　　　)。

A.变量和变量值　　　　　　　　　　　B.时间和总体单位数

C.现象所属时间和现象的发展水平　　　D.时期指标和时点指标

2.时间数列中的发展水平(　　　)。

A.只能是绝对数　　　　　　　　　　　B.只能是相对数

C.只能是平均数　　　　　　　　　　　D.上述三种指标均可

3.人均粮食产量动态数列是(　　　)。

A.时期数列　　　　　　　　　　　　　B.时点数列

C.相对数时间数列　　　　　　　　　　D.平均数时间数列

4.逐期增长量和累计增长量的关系是(　　　)。

A.逐期增长量之和等于累计增长量　　　B.逐期增长量之积等于累计增长量

C.累计增长量之和等于逐期增长量　　　D.两者无直接换算关系

5.以1979年为基础,2017年为报告期,计算粮食产量的年平均发展速度时,需要开(　　　)。

A.38次方　　　　　　B.39次方　　　　　　C.37次方　　　　　　D.以上都不对

6.某地区工业总产值 2010 年为 20 亿元,2015 年为 30 亿元,其年平均增长速度为(　　　)。

A.7%　　　　　　　B.10%　　　　　　　C.8.3%　　　　　　　D.8.4%

7.某地区工业总产值 2015 年为 2014 年的 110%,2014 年为 2013 年的 105%,2013 年为 2012 年的 108%,那么 2015 年为 2012 年的(　　　)。

A.115%　　　　　　B.124.74%　　　　　C.128%　　　　　　D.128.64%

8.某地区的粮食产量环比发展速度 2013 年为 125.7%,2014 年为 109.5%,2016 年为 117.5%,2016 年的定基发展速度为 166.5%,则 2015 年的环比发展速度为(　　　)。

A.102.9%　　　　　B.101%　　　　　　C.104%　　　　　　D.113%

9.已知各期环比增长速度为 8.12%,3.42%,2.19%,5.13%,则这段时期的定基增长速度为(　　　)。

A.20.1%　　　　　　B.120%　　　　　　C.20.97%　　　　　D.另有答案

10.计算平均发展速度采用几何平均法的理由是因为(　　　)。

A.总速度等于各年环比增长速度的连乘积

B.总速度等于各年环比发展速度的连乘积

C.总速度等于各年环比增长速度的相加和

D.总速度等于各年环比发展速度的相加和

(二)多选题

1.时点数列的特点有(　　　)。

A.数列中各个指标值相加有意义

B.数列中各个指标值相加无意义

C.数列中每个指标值的大小与时间长短无关

D.数列中指标数值是通过连续登记得到的

2.时间数列按统计指标的表现形式不同分为(　　　)。

A.时期动态数列　　　　　　　　　　B.时点动态数列

C.绝对数动态数列　　　　　　　　　D.相对数动态数列

E.平均数动态数列

3.下列时间数列中,各项指标数值相加无意义的有(　　　)。

A.绝对数动态数列　　　　　　　　　B.时期数列

C.时点数列　　　　　　　　　　　　D.相对数动态数列

E.平均数动态数列

4.已知动态数列的各时期发展水平和环比发展速度,则可计算出(　　　)。

A.平均发展速度　　　　　　　　　　B.平均发展水平

C.各期定基发展速度　　　　　　　　D.各期逐期增长量

E.各期累计增长量

5.平均增长速度(　　　)。

A.可根据各环比增长速度直接求得

B.可根据各环比发展速度的几何平均数减 1 求得

C.不可根据各环比发展速度的几何平均数求得

D.等于平均发展速度减 1

6.定基发展速度与环比发展速度之间的关系表现为( )。

A.环比发展速度之和等于定基发展速度

B.环比发展速度之积等于定基发展速度

C.两相邻定基发展速度之比等于相应的环比发展速度

D.两者对比的基础时期不同

7.用几何平均法求平均发展速度时,被开方的是( )。

A.环比发展速度的连乘积   B.环比发展速度之和

C.最末水平与最初水平之比   D.定基发展速度

8.已知各时期环比发展速度和时期个数,便能计算出( )。

A.平均发展速度   B.平均发展水平

C.各期定基发展速度   D.各期逐期增长量

9.一般平均数是( )。

A.反映总体各单位在某一标志下各标志值一般水平的指标

B.根据同一时期的标志总量与总体总量计算的

C.说明某一现象在不同时期上变化的一般水平

D.是由变量数列计算出来的

10.动态平均数是( )。

A.反映总体各单位在某一标志下各标志值一般水平的指标

B.根据同一时期的标志总量与总体总量计算的

C.说明某一现象在不同时期上变化的一般水平

D.是由时间数列计算出来的

(三)判断题

1.动态数列有两种,即时期数列和时点数列。   ( )

2.和2012年相比,粮食产量增加了4倍,也就是翻了两翻。   ( )

3.在相对数时间数列中,各指标值相加无意义,而在平均数动态数列中,各指标值相加有意义。   ( )

4.平均增长速度是环比增长速度的平均值,它是根据各个环比增长速度采用几何平均法计算出来的。   ( )

5.若已知各年环比发展速度,就能求得各年的定基发展速度;反之,若已知各年定基发展速度,也能求得各年的环比发展速度。   ( )

6.不论什么样的增长速度,都可以用发展速度减1求得,而无需单独计算。   ( )

7.在动态数列中,将各环比发展速度加总,便可得到定基发展速度。   ( )

8.在一个动态数列中,如现象各期的增长量都相等,则其环比增长速度不相等,且一期比一期减少。   ( )

9.增长量与增长速度两个指标,是分别从绝对数和相对数两个方面对现象增长的数量进行描述的统计指标,因此,它们在数字关系上存在着必然的联系。   ( )

10.平均发展速度是发展速度的算术平均数。   ( )

(四)计算题

1.某地区2010—2014年工业总产值的发展速度资料见表5-12。

表 5-12 **某地区** 2010—2014 **年工业总产值的发展速度资料**

年 份	2010	2011	2012	2013	2014
环比发展速度(%)		106		107.5	
定基发展速度(%)	107.2			132.9	146.2

要求:根据环比发展速度和定基发展速度的换算关系填写表中所缺数字。

2.某企业甲车间 4 月份工人人数变动资料见表 5-13。

表 5-13 **某企业甲车间** 4 **月份工人人数变动资料**

日 期	4 月 1 日	4 月 11 日	4 月 16 日	5 月 1 日
工人人数(人)	210	240	300	270

要求:计算 4 月份的平均工人数。

3.某厂职工 10 月份增减变动情况如下:

1 日职工总数为 500 人,其中:生产人员 400 人;15 日职工 10 人离厂,其中 5 人为生产工人;22 日新来厂报到的生产人员 5 人。

要求:分别计算本月该厂生产人员及全部职工的平均人数。

4.某商店 2015 年商品库存额资料如下:(单位:万元)

1 月 1 日:5.20 1 月 31 日:4.80 2 月 28 日:4.40 3 月 31 日:3.60

4 月 30 日:3.20

要求:计算该商店第一季度商品平均库存额。

5.某厂 2016 年上半年平均人数为 570 人,下半年人数资料见表 5-14。

表 5-14 **某厂** 2016 **年下半年人数**

月 份	7 月初	8 月初	9 月初	10 月初	11 月初	12 月初	12 月底
工人数	510	528	550	568	574	580	590

要求:

(1)试计算该厂 2016 年第三季度、第四季度平均工人人数。

(2)试计算该厂 2016 年下半年平均工人人数,该厂 2016 年平均工人人数。

6.某地区 2015 年各月月初人口资料见表 5-15。

表 5-15 **某地区** 2015 **年各月月初人口资料**　　　　　　　单位:万人

时 间	1 月	2 月	3 月	4 月	6 月	8 月	12 月	次年 1 月
人 数	23	23	24	25	25	26	26	26

要求:计算该地区 2015 年平均人口数。

7.某地区重点年份的年底人口数资料见表 5-16。

表 5-16 **某地区重点年份的年底人口数资料**

时 间	1979	1982	1987	1995	2008	2011	2015
人口(万人)	500	580	640	720	950	990	1000

要求:计算 1979 年到 2015 年该地区平均人口数。

8.今有甲乙两企业的产值完成情况资料见表 5-17、表 5-18。

表 5-17　甲企业的产值完成情况

	一月	二月	三月	四月	五月	六月
计划产值(万元)	20	25	32	38	48	55
计划完成%	90	85	88	80	122	138

表 5-18　乙企业的产值完成情况

	一月	二月	三月	四月	五月	六月
实际产值(万元)	13.5	16.5	25	31	40	51
计划完成%	90	93	105	106	110	115

要求:分别计算甲乙两企业的平均产值计划完成程度。

9.某厂 2016 年职工人数及非生产人员数资料见表 5-19。

表 5-19　某厂 2016 年职工人数及非生产人员数资料

	1月1日	2月1日	3月1日	4月1日	5月1日	6月1日	7月1日
职工人数	4000	4040	4050	4080	4070	4090	4100
非生产人员数	724	716	682	694	666	666	660

要求:计算上半年生产人员平均所占比重。

10.某厂 2016 年工人数和产值资料见表 5-20。

表 5-20　某厂 2016 年工人数和产值资料

月　份	1月	2月	3月	4月
月初工人数(人)	120	112	130	140
月产值(万元)	380	374	458	460

要求:计算第一季度平均每月人均产值。

11.某企业 2010 年工业总产值为 40.25 万元,2016 年由于生产发展,工业总产值达到 65.71 万元,试计算 2010 年到 2016 年间工业总产值的年平均发展速度和平均增长速度。

12.某地区 2009 年的工业总产值为 1200 万元,2010 年的工业总产值比 2009 年增长 10%,2011 年比 2010 年增长 10%,如果该地区到 2016 年(即 2012—2016)工业总产值每年以 7.2%的速度递增,那么,到 2016 年该地区的工业产值可能达到多少万元?

13.某地五年计划规定总产值提高 50%,第一年实际比上年提高 5%,第二年实际比上年提高 10%,求后三年平均每年应提高多少才能完成五年计划规定的任务?

14.某企业产量 2011 年比 2010 年高 2%,2012 年与 2011 年对比为 95%,2013 年是 2010 年的 1.2 倍,2014 年该企业年产量为 25 万吨,比 2013 年多 10%,2015 年产量达到 30 万吨,2016 年产量为 37 万吨。

要求:

(1)各年产量。

(2)各年环比发展速度。

(3)2010—2016 年的平均发展速度。

Excel 统计功能应用:计算动态指标

以图 5-1 中数据为例,将我国大连市 2008—2012 年社会消费品零售总额的数据资料输入 Excel 表格中,应用 Excel 函数工具和手工输入公式计算各种动态指标。操作步骤如下:

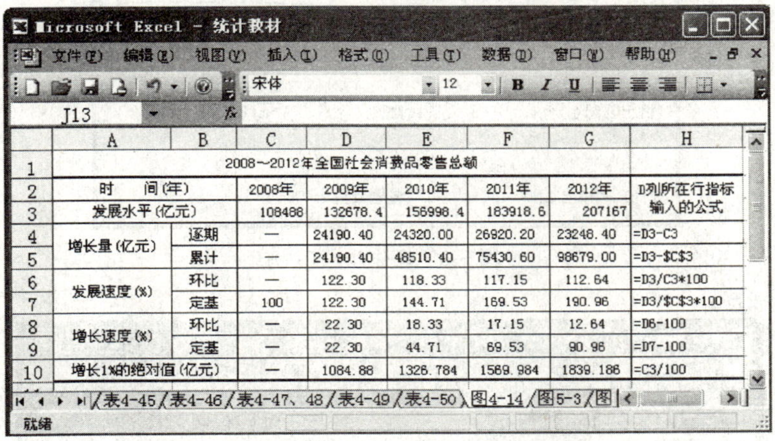

图 5-1　示例图

影响动态数列变动的因素主要有长期趋势、季节变动、循环变动和不规则变动。我们现主要介绍应用 Excel 中"数据分析"工具,采用移动平均法进行长期趋势预测和应用 Excel 函数工具与手工输入公式结合的方法,进行季节比率预测。

移动平均法测定长期趋势变动

应用 Excel "数据分析"工具,采用移动平均法(应用三项、四项移动平均)对 2012 年某企业总产值进行预测。某企业总产值数据见图 5-2。

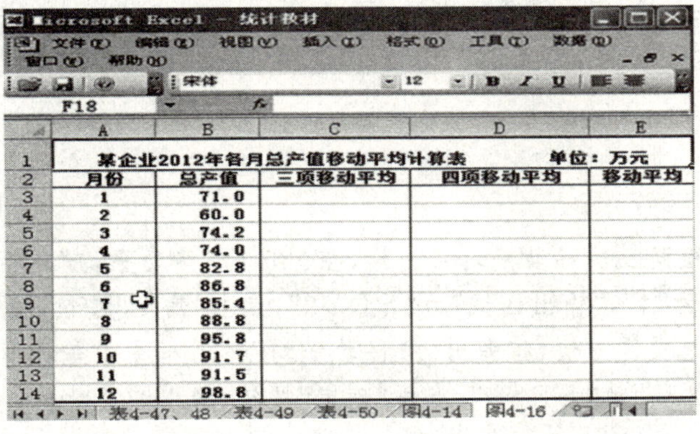

图 5-2

具体操作步骤如下：

1.三项移动平均法

第一步：选择"工具"下拉菜单中的"数据分析"选项。

第二步：在"分析工具"中选择"移动平均"。

第三步，在弹出的"移动平均"对话框中，"输入区域"中输入"B3：B14"；"间隔"为"3"，"输出区域"为"＄C＄2"，点击"确定"按钮，输出相关数据（三项移动平均法）。见图5-3、图5-4。

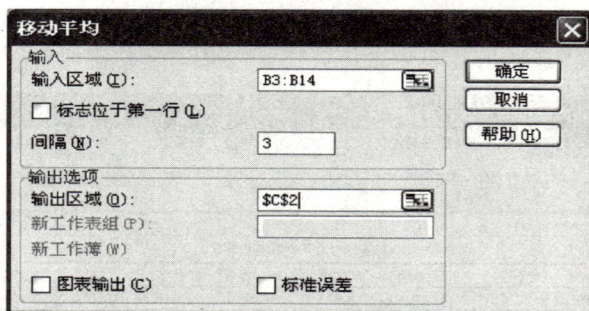

图 5-3　操作步骤（一）

图 5-4　操作步骤（二）

2.四项移动平均法

第一步：操作过程同三次移动平均法一样，在弹出的"移动平均"对话框中，"输入区域"仍为"B3：B14"，"间隔"为"4"，"输出区域"为"＄D＄2"，点击"确定"按钮，输出相关数据。

第二步：仍采用此操作方法，在弹出的"移动平均"对话框中，"输入区域"输入"D5：D13"，"间隔"为"2"，"输出区域"为"＄E＄4"，点击"确定"按钮，输出相关数据。见图5-5、图5-6。

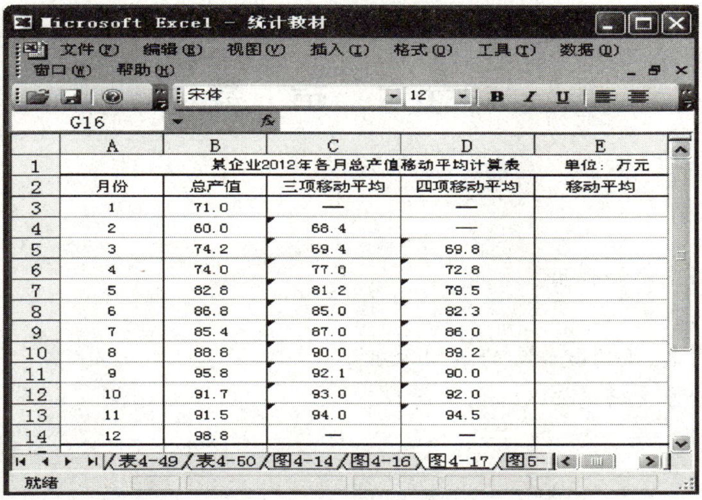

	A	B	C	D	E
1	某企业2012年各月总产值移动平均计算表				单位：万元
2	月份	总产值	三项移动平均	四项移动平均	移动平均
3	1	71.0	—	—	
4	2	60.0	68.4	—	
5	3	74.2	69.4	69.8	
6	4	74.0	77.0	72.8	
7	5	82.8	81.2	79.5	
8	6	86.8	85.0	82.3	
9	7	85.4	87.0	86.0	
10	8	88.8	90.0	89.2	
11	9	95.8	92.1	90.0	
12	10	91.7	93.0	92.0	
13	11	91.5	94.0	94.5	
14	12	98.8	—	—	

图 5-5　操作步骤(三)

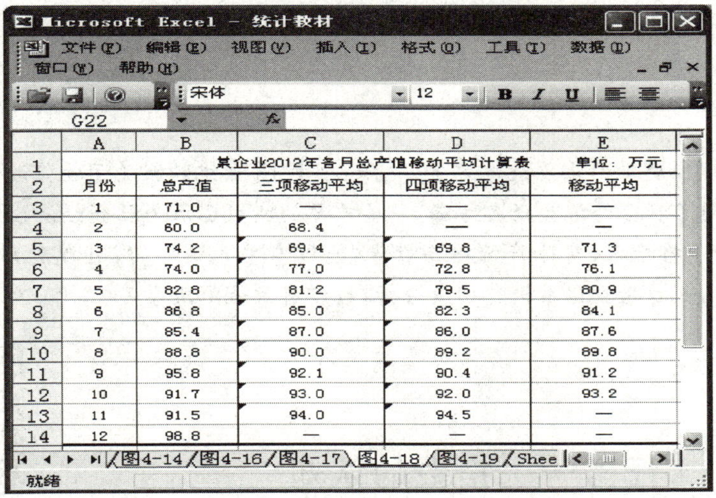

	A	B	C	D	E
1	某企业2012年各月总产值移动平均计算表				单位：万元
2	月份	总产值	三项移动平均	四项移动平均	移动平均
3	1	71.0	—	—	—
4	2	60.0	68.4	—	—
5	3	74.2	69.4	69.8	71.3
6	4	74.0	77.0	72.8	76.1
7	5	82.8	81.2	79.5	80.9
8	6	86.8	85.0	82.3	84.1
9	7	85.4	87.0	86.0	87.6
10	8	88.8	90.0	89.2	89.8
11	9	95.8	92.1	90.4	91.2
12	10	91.7	93.0	92.0	93.2
13	11	91.5	94.0	94.5	—
14	12	98.8	—	—	—

图 5-6　操作步骤(四)

单元六　指　数

知识目标

● 了解指数的概念和作用。

● 熟悉指数的种类。

● 掌握综合指数、平均数指数的编制方法。

● 掌握同度量因素的选择及其固定时期。

能力目标

● 能够利用指数分析有关经济问题。

● 能够根据实际资料构建统计指数体系。

● 能利用统计指数体系进行因素分析。

单元描述

指数是研究现象变动的重要统计方法。它起源于 18 世纪欧洲关于物价波动的研究。至今，指数已被广泛应用于社会经济生活各方面，一些重要的指数已成为社会经济发展的晴雨表，如股价指数、居民消费价格指数、房地产价格指数等，通过本单元的学习，可以利用所学到的指数知识，进行指数计算，并对指数体系进行因素分析，科学有效地解决学习、工作、生活中的难题。

任务一　指数的认知

【任务布置】

在我们收看和收听新闻时，经常会听到表 6-1 中的几个指数。

表 6-1　主要经济指数

居民消费价格指数	工业品出厂价格指数
股票价格指数	房地产价格指数

表 6-1 中都是国内外常用的主要经济指数，请问：上述经济指数是什么涵义？在生活实践中有何作用？

【知识准备】

指数有广义和狭义之分。广义的指数泛指用来测定社会经济现象中一个变量对于另一个特定变量值大小的相对数。从这个意义上看,凡是同类经济现象对比的相对数均可称为指数,它包括不同时间、不同空间的同类经济现象,以及实际完成指标与计划指标对比而形成的各种相对数。

一、指数的概念

社会经济统计理论中的指数,主要研究狭义指数的编制方法,即总指数的编制方法,同时也利用指数法原理来分析社会经济现象数量变动的一些问题。

狭义的指数是广义指数中的特殊部分,它是指反映总体经济现象中不能直接加总与不能直接对比的多种不同事物在数量上总变动的一种相对数或平均数。

二、指数的种类

指数的种类有很多种,可以按以下几个方面进行分类:

(1)按指数所反映的对象的范围不同,可分为个体指数和总指数。个体指数是指反映个别事物动态变化的相对指标,如个别商品的销售量指数、个别产品的价格指数等。总指数是指综合反映不能同度量的多种事物动态的相对指标,如零售物价指数、工业总产值指数等。

(2)按总指数编制方法不同,可分为综合指数和平均数指数。综合指数是通过确定同度量因素,把不能同度量的现象过渡为可以同度量现象,采用科学方法计算出两个时期的总量指标并进行比较而形成的指数;平均数指数是从个体指数出发,通过对个体指数加权平均而形成的指数。

(3)按指数所反映的现象特征不同,可分为数量指标指数和质量指标指数。数量指标指数是指反映现象总的规模和水平变动情况的指数,如产品销售量指数、职工人数指数等;质量指标指数是指反映现象相对水平和工作质量变动情况的指数,如产品成本指数、价格指数等。

(4)按对比所采用的基期不同,指数可分为定基指数和环比指数。定基指数是指把基期固定在某一时期的指数,编制定基指数数列可以反映某种现象的长期动态及发展过程;环比指数是指把报告期前一期作为基期指数,编制环比指数数列是为了反映某种现象的逐期变动程度。

三、指数的作用

指数的作用主要有:

(1)综合反映社会现象总体的变动方向和变动程度。这是总指数最主要的作用。指数一般是用百分比表示的相对数。百分比大于或小于100%,反映经济现象变动方向是正还是负;而比100%大多少或小多少,则反映经济现象变动程度的大小。例如,商品零售物价指数为125.8%,则说明多种商品零售物价总的变动情况,具体到某种商品价格可能有涨落,但从总体上看,零售物价仍然上涨了25.8%。

(2)分析受多因素影响的现象的总变动中,各个因素的影响方向和影响程度。任何一个复杂现象的总体,一般是由多种因素构成的。对于包括两个或两个以上因素的总体现象,可以利用综合指数或平均数指数分析其各构成因素对总指数变动的影响,从相对数和绝对数两方面分析各因素的影响方向和影响程度。

(3)研究现象的长期变动趋势。通过编制指数数列,分析现象发展变化的程度和趋势,特别是便于分析相互联系而性质不同的时间数列之间的变动关系。

（4）对经济现象进行综合评价和测定。随着指数法在实际应用中的不断发展，许多经济现象都可以运用指数进行综合评价和测定，从而对其水平作出综合的数量判断。例如，利用综合经济动态指数法评价和测定一个地区和单位经济效益的高低；利用平均数指数法测定技术进步的程度及其在经济增长中的作用；利用指数法原理建立对国民经济发展变动的评价和预警系统；等等。

【任务实施】

表 6-1 中的四种指数的涵义和作用如下：

居民消费价格指数，简称 CPI，是一个反映居民家庭一般所购买的消费价格水平变动情况的宏观经济指标。居民消费价格统计调查的是社会产品和服务项目的最终价格，一方面同人民群众的生活密切相关，同时它也是进行经济分析和决策、价格总水平监测和调控及国民经济核算的重要指标。其变动率在一定程度上反映了通货膨胀或紧缩的程度。一般来讲，物价全面地、持续地上涨就被认为发生了通货膨胀。

工业品出厂价格指数，也被称为生产者物价指数，简称 PPI，是衡量工业企业产品出厂价格变动趋势和变动程度的指数，是反映某一时期生产领域价格变动情况的重要经济指标，也是制定有关经济政策和国民经济核算的重要依据。目前，我国 PPI 的调查产品有 4000 多种，覆盖全部 39 个工业行业大类，涉及调查种类 186 个。一般而言，当生产者物价指数增幅很大而且持续加速上升时，该国央行相应的反应是采取加息对策阻止通货膨胀快速上涨，则该国货币升值的可能性增大，反之亦然。

股票价格指数是描述股票市场总的价格水平变化的指标。它是选取有代表性的一组股票，把它们的价格进行加权平均，通过一定的计算得到。投资者据此可以检验自己投资的效果，并用以预测股票市场的动向。

房地产价格指数是反映房地产价格变动趋势和变动程度的相对数。它是通过百分数的形式来反映房价在不同时期的涨跌幅度，是我国包括商品房、公有房屋和私有房屋各大类房屋在内的销售价格变动的晴雨表。

相关链接——统计指数的性质

> 统计指数具有的性质：①综合性，统计指数反映一组变量在不同场合下的综合变动水平；②相对性，统计指数是反映一组变量在不同场合下对比而形成的相对数；③平均性，统计指数反映一组变量相对变动的代表性水平。

任务二　综合指数认知

6-2

【任务布置】

在日常生活中，经常会听到投资股票的人在讨论股票价格指数，而股票价格指数就是反映某一股票市场上多种股票价格综合变动程度的相对数，简称股价指数。新闻中也会出现上证综合指数、深证综合指数等，其实这些都属于综合指数。请根据表 6-2 给出的三种股票的价格和发行量资料，计算出股票价格指数。

表 6-2　三种股票的价格和发行量资料

股票名称	基期价格（元）	本日收盘价（元）	报告期发行量（万股）
A	25	26.5	3500
B	8	7.8	8000
C	12	12.6	4500

【知识准备】

综合指数是总指数的一种形式，它是由两个总量指标对比而形成的指数。在所研究的总量指标中，包含两个或两个以上的因素，将其中一个或一个以上的因素指标固定下来，仅观察其中一个因素的变动，这样编制出来的总指数就叫做综合指数。

一、综合指数的特点

综合指数从编制方法来看，具有以下特点：

第一，先综合后对比。即先解决总体中各个个体由于度量单位不同不能直接加总的问题。为此，需要从经济现象的内在联系出发，确定与研究现象相联系的因素，使它成为同度量因素，从而把不能直接相加的指标，过渡到能够相加和比较的指标，然后进行对比。

第二，把总量指标中的同度量因素加以固定，以测定所要研究的因素，即指数化指标的变动程度。例如，若要观察两个时期商品价值总量中的商品数量的变动，就需要把两个时期各种商品的价格作为同度量因素固定在同一时期，以测定两个时期各种商品总数量的变动。

第三，分子、分母所研究对象的范围，原则上必须一致，所反映的现象变动程度应是所综合资料的范围内该现象的变动程度。

第四，需要全面资料。综合指数的计算对资料要求较高，需要全面资料。

二、综合指数编制

综合指数又可分为数量指标综合指数和质量指标综合指数两种，它们的编制原则和方法不同。

1. 数量指标综合指数

假如某厂三种产品的价格、产量的资料如表 6-3 所示。

表 6-3　某厂三种产品的价格、产量的资料

产品名称	计量单位	价　格		产　量	
		基期 p_0	报告期 p_1	基期 q_0	报告期 q_1
甲	个	8	7	200	300
乙	双	5	6	400	350
丙	箱	4	3	600	700

就以上资料，我们要编制两个指数：一个是三种产品的产量总指数，一个是三种产品的价

格总指数,前者是数量指标指数,后者是质量指标指数。下面分别说明它们各自的编制方法。

现在的目的是要计算产品产量总指数,以反映三种商品产量的总变动。由于三种产品的计量单位不同,所以三种产品的产量不能直接相加。因此,就要以商品的价格作为同度量因素,使不能直接相加的产品产量过渡到能够相加的产品产值,然后用两个时期的产品产值进行对比来求得产品产量总指数。由于产值的变化包含产量和价格两个因素的变动,因此需要固定其中的同度量因素(即价格),从而观察产量的变化。因为作为同度量因素的价格既可以固定在基期,也可以固定在报告期,所以采用不同时期的价格,将会得到不同的计算结果,并且具有不同的经济内容。我国目前采用以基期质量指标为同度量因素的拉氏公式。

以基期价格作为同度量因素,产量总指数的计算可用公式表示如下:

$$产量指数 = \frac{\sum(报告期产量 \times 基期价格)}{\sum(基期产量 \times 基期价格)}$$

在计算综合指数时,同度量因素究竟选择哪一个时期,是一个十分重要的问题,应根据指数的经济内容来决定。计算产量指数的目的是测定各种产品产量的总变动。因此,计算时应尽量排除价格变动的影响。如果根据上述公式来计算,即同度量因素固定在基期,这时得到的产值指标的变动中仅包含产量这个因素变动,这实际上就意味着按原有价格水平来测定产量的综合变动,所以,上述公式符合计算产量指数的要求。因此,在计算数量指标综合指数时,应将同度量因素固定在基期,这也是计算数量指标综合指数时,选择同度量因素时期的一般原则。根据表 6-1 中的资料,根据产量指数公式计算得:

$$K_q = \frac{\sum q_1 p_0}{\sum q_0 p_0} = \frac{300 \times 8 + 350 \times 5 + 700 \times 4}{200 \times 8 + 400 \times 5 + 600 \times 4} = \frac{6950}{6000} = 115.83\%$$

它表明:总的来看,三种产品的产量上升了得 15.83%,另一方面,从分子分母的经济意义来看,分母是基期的实际产值,而分子则通过将分母中的基期产量用报告期产量来代替而得出的,所以分子与分母的差异,又可以表示产量变化引起的产值的变化。从而上述结果可以解释为:由于产量的提高,产值上升了 15.83%,而分子与分母之差:6950 - 6000 = 950 元,则表示由于产量增加而增加的产值。

2. 质量指标综合指数

我们仍以表 6-3 中的资料为例,通过计算产品价格指数来说明质量指标综合指数的一般编制方法。

由于三种产品的价格不能直接相加,因此需将产品的产量作为同度量因素,把不能直接相加的产品价格过渡为能够相加的产品产值,然后由两个时期的产品产值进行对比求得产品价格指数。与计算产品产量指数相似,计算产品价格指数也应将同度量因素固定在同一个时期,因为作为同度量因素的产量既可以固定在基期,也可以固定在报告期,所以采用不同时期的产量,将会得到不同的计算结果,并且具有不同的经济内容。我国目前采用以报告期数量指标为同度量因素的派许公式。

以报告期产量作为同度量因素,产品价格指数的计算可用公式表示如下:

$$价格指数 = \frac{\sum(报告期价格 \times 报告期产量)}{\sum(基期价格 \times 报告期产量)}$$

同计算产量指数一样,在计算产品价格指数时也存在选择同度量因素时期的问题。我们计算产品价格指数的目的是测定产品价格的波动情况,如同度量因素固定在基期,其计算结果表明:按过去的产品产量,现在产品价格的变动程度,因为它意味着基期的生产在报告期进行,而这是一种不可能的情况,显然是没有多少现实意义的。因此,在计算质量指标综合指数时,应将同度量因素固定在报告期,这也是计算质量指标综合指数时,选择同度量因素时期的一般原则。

根据表 6-3 中的资料和价格指数公式计算产品价格指数为:

$$\overline{K_p} = \frac{\sum p_1 q_1}{\sum p_0 q_1} = \frac{7 \times 300 + 6 \times 350 + 3 \times 700}{8 \times 300 + 5 \times 350 + 4 \times 700} = \frac{6300}{6950} = 90.65\%$$

它表明:总的看来,三种产品的价格降低了,报告期比基期降低了 9.35%。同时上式的分子与分母之差:6300-6950=-650 元,说明由于价格的降低使产值减少了 650 元。

综上所述,在计算综合指数时,同度量因素时期选择的一般原则是:数量指标综合指数同度量因素时期固定在基期,质量指标综合指数的同度量因素时期固定在报告期。但这也不是一成不变的,在实际应用中,还要根据研究的目的来确定同度量因素的时期。例如:在计算历年的一系列销售量指数时,就某一个总指数来讲,两个时期所采用的价格是相同的,但就若干个环比指数来讲,各个时期的价格是不相同的,因而不便比较,计算和应用也不方便。因此,常用不变价格作为同度量因素,即不论计算哪个时期的总指数,都采用同一个特定时期的价格作为同度量因素。

【任务实施】

根据表 6-2 资料可以计算出股价指数为:

$$\overline{I_p} = \frac{\sum p_1 q_1}{\sum p_0 q_1} = \frac{26.5 \times 3500 + 7.8 \times 8000 + 12.6 \times 4500}{25 \times 3500 + 8 \times 8000 + 12 \times 4500} = 103.09\%$$

即股价指数上涨了 3.09 个百分点,也可以预测出股票市场总的价格水平为上涨趋势。

相关链接——我国同度量因素公式应用

编制质量指标指数,以报告期的数量指标作为同度量因素,为派许公式,是由德国统计学家派许于 1874 年提出的。

编制数量指标指数,以基期的质量指标作为同度量因素,为拉氏公式,是由德国学者拉斯贝尔于 1864 年首次提出的。

杨格指数是由英国经济学家杨格提出,也称固定权数综合指数。其观点是在固定加权综合指数中,同度量因素所属时期既不固定在报告期也不固定在基期,而是固定在一个特定的水平上,以便于观察现象长期发展变化的趋势。

任务三 平均数指数认知

【任务布置】

已知某企业生产三种不同的产品,其成本资料情况如表 6-4 所示,为便于对企业生产经营情况的分析,请根据本任务学习内容计算出:①三种产品单位成本总指数;②由于单位成本变动增加(减少)的总成本。

表 6-4 某企业生产三种不同产品的成本资料

产品名称	产品总成本(万元)		单位成本增减(%)
	基　期	报告期	
A	180	196	−10
B	120	134	+8
C	60	56	+12

【知识准备】

在上一任务中我们已经介绍过,在计算和编制综合指数时需要采用全面资料,如果基期或报告期的资料不全,就不能用综合指数进行计算,这时就必须采用平均数指数进行计算。

一、平均数指数的概念

平均数指数是总指数计算的另一种重要形式,它的特点是,从构成复杂社会经济现象的各种因素的个体指数出发,通过对个体指数进行加权平均得到总指数。

二、平均数指数的编制

综合指数是计算总指数的一种形式,但在实际工作中受到统计资料的限制,不能直接用综合指数公式,这就要将综合指数公式变为平均数指数的形式来计算总指数。

（一）作为综合指数变形的加权算数平均数指数

【例 6-1】 由下述资料(见表 6-5)计算产量指数。

按照综合指数的编制方法,产量指数的计算公式为:

$$\overline{K} = \frac{\sum q_1 p_0}{\sum q_0 p_0}$$

表 6-5 例 6-1 资料

产　品	计量单位	个体产量指数 $K = q_1/q_0$	基期产值(万元)
甲	千克	1.08	600
乙	米	1.12	400
合　计			1000

现在表中没有 p_0q_1 的资料,所以无法直接用这个公式。但 p_0q_1 可以由基期产值 q_0p_0 乘以个体产量指数 q_1/q_0 得到,即有:

$$q_0p_0 \times K_q = q_0p_0 \times \frac{q_1}{q_0} = p_0q_1$$

则数量指标指数可以变成以下形式:

$$物量指数 \ \overline{K} = \frac{\sum K_q q_0 p_0}{\sum q_0 p_0}$$

这就是加权算术平均数指数,它在形式上是以质量指标和数量指标个体指数为变量,以基期的总值为权数,对个体指数加权平均而计算的总指数。

现将上例资料代入公式,得

$$\overline{K} = \frac{\sum K_q q_0 p_0}{\sum q_0 p_0} = \frac{600 \times 1.08 + 400 \times 1.12}{600 + 400} = 109.6\%$$

计算结果表明,报告期的产量比基期增加了 9.6%。

在该例中,个体指数与权数的范围一致,都是同一种产品,因而计算结果是精确的。在一定的条件下,两者的范围也可以不一致,但要注意,个体指数的范围一定要在权数的范围之内,并且前者在后者中具有代表性。例如,权数可以用大类产品的产值,个体指数可以用大类中代表产品的产量指数,这样来编制全部工业产品的产量总指数。

（二）作为综合指数变形的加权调和平均数指数

【例 6-2】　由下述资料计算两种商品的综合价格指数,见表 6-6。

表 6-6　例 6-2 资料

商　品	单　位	报告期销售额（元）	个体价格指数
甲	千克	28800	104.00
乙	米	20900	95.00
合　计	—	49700	—

按照综合指数的编制方法,价格指数的公式是 $\dfrac{\sum p_1q_1}{\sum p_0q_1}$。

表中缺乏 p_0q_1 的资料,所以无法计算,但表中列出了各商品的个体价格指数,用它去除报告期商品销售额 p_1q_1,即可得到以基期价格计算的报告期销售额 p_0q_1,即有:

$$\frac{p_1q_1}{K_p} = \frac{p_1q_1}{\dfrac{p_1}{p_0}} = p_0q_1$$

因而,价格指数可用下列公式表示:

$$\overline{K}_p = \frac{\sum p_1q_1}{\sum \dfrac{1}{K_p} p_1q_1}$$

这就取得了加权调和平均数指数的形式,它在形式上以报告期销售额 p_1q_1 为权数,对个体价格指数 K_p 作调和平均。

现将上述资料代入公式,得

$$\overline{K}_p = \frac{\sum p_1 q_1}{\sum \frac{1}{K_p} p_1 q_1} = \frac{28800+20900}{\frac{28800}{1.04}+\frac{20900}{0.95}} = 100.02\%$$

计算结果表明,报告期的价格比基期价格上升 0.2%。

上例中个体指数与权数的范围是一致的,都是同一商品,所以计算结果是精确的。它纯粹是综合指数公式的变形。有时因缺乏资料或简便起见,个体指数的范围与权数的范围可以不一致,前者的范围小,后者的范围大,前者的范围被包含在后者的范围之中,并且具有代表性。例如:农副产品收购价格指数:作为权数的报告期收购额是某一大类的产品(如稻谷)的,而个体收购价格指数却是其中某一大类的规格(如中等稻谷)的,范围虽然不一致,但因为代表规格等级品的价格变化大体上反映了整个大类的价格变化,所以仍可用调和平均数指数公式。

【任务实施】

某企业三种产品的成本资料计算如下(见表6-7):

表 6-7　某企业三种产品的成本资料计算

产品名称	产品总成本(万元)		单位成本增减(%)	成本个体指数(%)	$\frac{1}{K_p}p_1 q_1$
	基期	报告期			
A	180	196	−10	90	210
B	120	134	8	108	124
C	60	56	12	112	50
合　计	360	386	—	—	392

(1)三种产品单位成本总指数:

$$\overline{K}_\sigma = \frac{\sum p_1 q_1}{\sum \frac{1}{K_\sigma} p_1 q_1} = \frac{386}{392} = 98.47\%$$

(2)由于单位成本变动增加(减少)的总成本:

$$\sum p_1 q_1 - \sum \frac{p_1 q_1}{K_p} = 386 - 392 = -6(万元)$$

相关链接——平均数指数的实际运用

平均数指数公式较之综合指数公式有着简便、灵活、计算方便的特点,因而具有广泛的应用领域,实际情况也的确如此。我国现行编制的几种物价总指数多采用平均指数公式,如居民消费价格指数、商品零售价格指数、农业生产资料价格指数、农产品生产价格指数、固定资产投资价格指数。

任务四　指数体系与因素分析

【任务布置】

某公司所属甲乙两企业的单位产品成本和产量资料如表 6-8 所示,请根据本任务学习内容分析:①该公司产品总平均成本的变动及因素影响;②该公司产品总成本的变动及因素影响。

表 6-8　某公司所属甲乙两企业的单位产品成本和产量资料

	单位成本(元)		产量(件)	
	基期	报告期	基期	报告期
甲企业	50	45	520	600
乙企业	55	52	200	500

【知识准备】

因素分析就是利用指数体系来测定各因素变动对总变动的影响程度以及影响数额。因素分析法是以指数体系为依据,既可以全面分析各因素对某一经济指标的影响,又可以单独分析某个因素对经济指标的影响,在财务分析中得到广泛应用。

一、指数体系的概念及作用

由若干个经济上有联系、数量上保持一定关系的指数所组成的整体就称作指数体系。组成指数体系的指数必须满足两个条件:①各因素指数的乘积等于总变动指数;②各因素指数分子分母差额的总和等于总量指数实际发生的总差额。

指数体系的主要作用表现在两个方面:①可以进行指数间的互相推广应用;②可以测定各因素的变动对总变动的影响,进行因素分析。

二、指数体系及其因素分析

根据构成指数体系的各指数类型不同,指数体系可分为:个体指数体系、综合指数体系、加权平均指数体系和可变构成指数体系等。

1. 个体指数体系

由三个或三个以上有联系的个体指数组成的整体称为个体指数体系。例如:个体价格指数、个体销售量指数、个体销售额指数,三者可组成个体指数体系。

2. 综合指数体系

综合指数体系由价值指数、数量指标指数和质量指标指数构成。数量指标指数和质量指标指数在综合指数认知任务中已介绍过,价值指数是指反映诸现象的价值指标总变动的指数。由于在计算数量指标指数和质量指标指数时存在选择同度量因素的时期问题,所以根据所选择的同度量因素时期的不同,可以得到不同的综合指数体系。把计算数量指标指数的同度量因素时期固定在基期,而把计算质量指标指数的同度量因素时期固定在报告期的另一个好处是能保持指数体系的完整性和便于进行因素分析。

3.加权平均指数体系

加权平均指数体系是作为综合指数体系的变形而出现的。因此,在加权平均数指数体系中的加权平均数指数必须是综合指数的变形。

4.可变构成指数体系

可变构成指数亦即前面所讲的平均指标指数。我们已经知道:现象的总水平的变动,除了受各组水平变动的影响外,还受总体内部结构变动的影响,因此就需进一步计算固定构成指数和结构影响指数。

(1)固定构成指数。固定构成指数是指消除总体内部结构变动影响后所得到的指数,它用来测定由于各组平均和变动所引起总平均水平变动的程度。为了消除总体内部结构变动的影响,需要把总体单位数结构固定在某一时期,通常是把总体单位数结构固定在报告期,这样计算得到的固定构成指数可视为质量指标指数。

(2)结构影响指数。结构影响指数是指消除组平均水平变动影响后得到的指数,它用来测定由于总体内部结构的变动所引起总平均水平变动的程度。为了消除组平均水平变动的影响,需要把组平均水平固定在某一时期,通常是把组平均水平固定在基期,这样计算得到的结构影响指数可视为数量指标指数。由可变指数构成、固定构成指数和结构影响指数组成的整体就形成了一个可变构成指数体系。下面重点介绍利用综合指数体系对定量指标动态变化的因素分析。

三、总量指标动态变化的因素分析

许多总量指标,可以分解为几个因素。例如:

$$产值＝价格×产量$$

$$销售额＝商品价格×商品销售量$$

自然的,当上述一系列等式左边的总量指标发生动态变化时,人们希望把它们的变化归因于它们自身所含的各个因素的变化,而各个因素变化引起的它们的变化,综合起来又恰恰是它们自身的总变化。这个任务叫因素分解,也需要靠指数来完成。

指数的特有的编制方法,使相关的各指数形成一种体系,这种体系,与事物之间的自然联系保持一致。例如:

$$产值指数＝价格指数×产量指数$$

$$\frac{\sum q_1 p_1}{\sum q_0 p_0} = \frac{\sum p_1 q_1}{\sum p_0 q_1} \times \frac{\sum q_1 p_0}{\sum q_0 p_0}$$

从绝对数上看,又有:

$$\sum q_1 p_1 - \sum q_0 p_0 = \left(\sum p_1 q_1 - \sum p_0 q_1 \right) + \left(\sum q_1 p_0 - \sum q_0 p_0 \right)$$

这种指数体系,不仅是一种数量上的联系,而且含有丰富的经济意义,价格指数和销售量指数不仅分别反映了价格变化和销售量变化,而且还分别反映由价格变化所引起的销售额变化和由销售量变化所引起的销售额变化。即

销售额变动额＝由价格变动引起销售额变动额＋由销售量变动引起的销售额变动额

最为常见的是某总量指标分解为两个因素的情形。我们还以产值的分析为例。要将产值的变化归因于两个方面：价格的变化和产量的变化，而利用上述的指数体系，正好能够完成这一任务。

下面以任务二中所举的某厂三种产品的资料为例，来说明分析的具体步骤，见表6-9。

表6-9　某厂三种产品的资料

产品名称	单位计量	价　格		产　量	
		基　期	报告期	基　期	报告期
甲	个	8	7	200	300
乙	双	5	6	400	350
丙	箱	4	3	600	700

（1）计算产值的变化：

$$\frac{\sum p_1 q_1}{\sum p_0 q_0} = \frac{7\times300+6\times350+3\times700}{8\times200+5\times400+4\times600} = \frac{6300}{6000} = 105\%$$

$$\sum q_1 p_1 - \sum q_0 p_0 = 6300 - 6000 = 300（元）$$

计算结果表明，报告期的产值比基期上升了5％，绝对额增加了300元。

（2）分析价格变动的影响：

$$\frac{\sum p_1 q_1}{\sum p_0 q_1} = \frac{7\times300+6\times350+3\times700}{8\times300+5\times350+4\times700} = \frac{6300}{6950} = 90.65\%$$

$$\sum p_1 q_1 - \sum p_0 q_1 = 6300 - 6950 = -650（元）$$

计算结果表明，由于价格降低，产值下降了9.35％，绝对额减少了650元。

（3）分析产量变动的影响：

$$\overline{K}_q = \frac{\sum q_1 p_0}{\sum q_0 p_0} = \frac{300\times8+350\times5+700\times4}{200\times8+400\times5+600\times4} = \frac{6950}{6000} = 115.83\%$$

$$\sum q_1 p_0 - \sum q_0 p_0 = 6950 - 6000 = 950（元）$$

计算结果表明，由于产量增加，使报告期产值比基期上升了15.83％，绝对额增加了950元。

（4）综合：报告期比基数产值增加5％，其绝对额增加300元，是由于价格下降了9.35％，使产值减少650元；由于产量增加15.83％，使产值增加950元，这两个因素共同作用的结果。即有：

105％＝90.65％×115.83％

300＝（-650）＋950

四、平均指标指数的因素分析

（一）平均指标指数的概念及作用

将同一经济内容的两个不同时期的平均指标值进行对比，可以反映同类现象在两个不同时期平均水平的动态变化程度。这种由两个平均指标值对比而形成的指数就为平均指标指数。

平均指标指数具有如下的作用:

第一,反映同类经济现象不同时期平均水平发展变化的方向和程度。例如:某工业企业产品单位成本,基期为 180 元,报告期为 168 元,则该产品平均单位成本指数为 93.33%,表明该工业企业产品的单位成本下降了,下降幅度为 6.67%,下降的绝对值为 12 元。

第二,分析各组水平变动和结构变动对平均指标动态变化的影响方向和程度。平均指标的变动往往受两个因素共同影响,一个是总体单位标志值的变动,另一个是总体内部结构的变动。平均指标指数可以通过几个有关联的指数的编制,来具体分析各组水平变动和结构变动对平均指标变动的影响。

(二)平均指标指数的编制及因素分析

平均指标指数也是总指数,一般是用综合指数的原理计算,只是由于所包含因素的特点,在处理方法上有所不同。

因此,总平均指标的变动,必然受标志值和各组单位数的比重的影响。在平均指标变动的分析中,将各组单位数的比重视为数量因素,而将各组平均水平视为质量因素,用综合指数法分析各因素影响的程度和方向。平均指标指数分为可变构成指数、固定构成指数和结构影响指数。

1.可变构成指数

在对社会经济现象总体进行分组条件下,表明总体平均指标对比的相对数,叫做可变构成指数。其公式如下:

$$可变构成指数 = \frac{\overline{x_1}}{\overline{x_0}} = \frac{\sum x_1 f_1}{\sum f_1} \div \frac{\sum x_0 f_0}{\sum f_0}$$

式中:$\overline{x}$ 为总平均数;x 为组平均数;f 为各组单位数。

【例 6-3】 某企业人数及组平均产量如表 6-10 所示。

表 6-10　某企业人数及组平均产量

工人分组	人数(人)		月平均产量(件)		产量总指数		
	基期	报告期	基期	报告期	基期	报告期	假定
	f_0	f_1	x_0	x_1	$x_0 f_0$	$x_1 f_1$	$x_0 f_1$
甲	280	300	200	250	56000	75000	60000
乙	120	200	150	180	18000	36000	30000
合　计	400	500	185	222	74000	111000	90000

将表 6-10 资料代入公式:

平均产量可变构成指数 $\dfrac{\overline{x_1}}{\overline{x_0}} = \dfrac{\sum x_1 f_1}{\sum f_1} \div \dfrac{\sum x_0 f_0}{\sum f_0}$

$$= \frac{111000}{500} \div \frac{74000}{400} = \frac{222}{185} = 120.0\%$$

绝对额的变动为:

$$\frac{\sum x_1 f_1}{\sum f_1} - \frac{\sum x_0 f_0}{\sum f_0} = \overline{x_1} - \overline{x_0} = 222 - 185 = 37(件)$$

计算结果表明,该企业工人总平均产量报告期比基期增加数 20%,其绝对额增加 37 件。

工人总平均产量的可变构成指数,不仅受各组工人平均产量的影响,也受各组工人占总体比重变动的影响。为了反映这两个因素对总平均产量变动影响程度,就需编制固定构成指数和结构影响指数。

2. 固定构成指数

在对可变构成指数的因素分析中,在分组的前提下,将各组单位数在总体中的比重固定下来,分析各组标志水平变动的指数,叫做固定构成指数。其公式如下:

$$固定构成指数 = \frac{\sum x_1 f_1}{\sum f_1} \div \frac{\sum x_0 f_1}{\sum f_1} = \frac{\overline{x_1}}{\overline{x_n}}$$

式中:$\overline{x_n} = \dfrac{\sum x_0 f_1}{\sum f_1}$ 为假定平均数。

将表 6-10 的资料代入上述公式,则

$$固定构成指数 = \frac{\sum x_1 f_1}{\sum f_1} \div \frac{\sum x_0 f_1}{\sum f_1} = \frac{\overline{x_1}}{\overline{x_n}}$$
$$= \frac{111000}{500} \div \frac{90000}{500} = \frac{222}{180} = 123.3\%$$

绝对额的变动为:

$$\frac{\sum x_1 f_1}{\sum f_1} - \frac{\sum x_0 f_1}{\sum f_1} = 222 - 180 = 42(件)$$

计算结果表明,如消除各组工人在总体中所占比重变动的影响,则报告期工人工资水平提高了 23.3%,其绝对额增加了 42 件。

3. 结构影响指数

在可变构成指数因素分析中,在分组的前提下,将各组工人产量水平这一因素固定下来,分析各组工人数在总体中所占比重变动的指数叫做结构影响指数。其公式如下:

$$结构影响指数 = \frac{\sum x_0 f_1}{\sum f_1} \div \frac{\sum x_0 f_0}{\sum f_0} = \frac{\overline{x_n}}{\overline{x_0}}$$

将表 6-10 资料代入公式,则

$$结构影响指数 = \frac{\sum x_0 f_1}{\sum f_1} \div \frac{\sum x_0 f_0}{\sum f_0} = \frac{\overline{x_n}}{\overline{x_0}}$$
$$= \frac{90000}{500} \div \frac{74000}{400} = \frac{180}{185} = 97.3\%$$

绝对额变动为:

$$\frac{\sum x_0 f_1}{\sum f_1} - \frac{\sum x_0 f_0}{\sum f_0} = 180 - 185 = -5(件)$$

计算结果表明,由于各组工人数在总体中所占比重的变化,即产量水平较高的工人的比重由基期的 70% 降为报告期的 60%,产量水平较低的工人占总体的比重由 30% 上升为 40%,使平均产量总体水平下降了 2.7%,其绝对额减少了 5 件。

(三)平均指标指数体系及因素分析

在平均指标指数中,也存在着类似综合指数的体系,以上述资料为例,其指数体系为:

$$可变构成指数＝固定构成指数×结构影响指数$$

$$\frac{\sum x_1 f_1}{\sum f_1} \div \frac{\sum x_0 f_0}{\sum f_0} = \left(\frac{\sum x_1 f_1}{\sum f_1} \div \frac{\sum x_0 f_1}{\sum f_1} \right) \times \left(\frac{\sum x_0 f_1}{\sum f_1} \div \frac{\sum x_0 f_0}{\sum f_0} \right)$$

绝对额的变动为:

$$可变构成指数分子与分母的差额 = 固定构成指数分子与分母的差额 + 结构影响指数分子与分母的差额$$

将上述资料代入公式,则

$$\frac{\sum x_1 f_1}{\sum f_1} \div \frac{\sum x_0 f_0}{\sum f_0} = 123.3\% \times 97.3\% = 120.0\%$$

绝对额的变动为:222－185＝(222－180)＋(180－185)＝37(件)

附资料 6-1

产品价格变动分析案例

资料与分析要求

某地区 2014 年、2015 年拖拉机制造业主要产品的出厂价和销售量指标见表 6-11。

表 6-11　某地区 2014 年、2015 年拖拉机制造业主要产品的出厂价和销售量指标

产品价格及规格	年　份	销售单价			销售量		
		国家定价	浮动价	其他价	国家价	浮动价	其他价
轮式拖拉机:	2015	13141	15238	14989	210	82	101
50 马力	2014	11225	12987	12078	237	44	78
20 马力	2015	8080	9098	9179	302	201	30
	2014	7366	8116	8697	298	122	41
履带式拖机拉:	2015	27860	31678	62100	67		83
50 马力	2014	25305	27760	62100	73		74
小型拖拉机:	2015	3130	4320	4325	180		88
12 马力	2014	3130	4310	4320	476		42
15 马力	2015	4070	4845	4378	341		140
	2014	4060	4805	3969	650		96

要求:依据表 6-11 资料,编制该地区拖拉机出厂价格指数,并对价格变动进行分析。

测算和分析

(1)计算该地区拖拉机出厂价格指数,观察价格水平的总变动。计算过程见表 6-12。

表 6-12　计算过程

产品名称及规格	平均单价（元）		2015 年销售量（台）	销售额（万元）	
	$\overline{p_0}$	$\overline{p_1}$	$\sum q_1$	$\overline{p_1}\sum q_1$	$\overline{p_0}\sum q_1$
轮式拖拉机：50 马力	11626.29	14053.47	393	552.30	456.91
20 马力	7682.86	8486.06	533	452.31	409.50
履带式拖拉机：50 马力	37479.94	38998.06	310	1208.94	1161.88
小型拖拉机：12 马力	3566.61	4050.10	792	320.77	282.48
15 马力	4272.95	4547.48	1108	503.86	473.44
合　计	—		3136	3038.18	2784.21

利用表 6-12 资料，计算该地区拖拉机出厂价格指数为：

$$价格指数 = \frac{\sum(\overline{p_1}\sum q_1)}{\sum(\overline{p_0}\sum q_0)} = \frac{3038.1}{2784.12} = 109.12\%$$

$$价格变动影响额 = \sum(\overline{p_1}\sum q_1) - \sum(\overline{p_0}\sum q_1)$$
$$= 3038.18 - 2784.12 = 253.97（万元）$$

计算结果表明，该地区五种规格的出厂价格 2015 年比 2014 年平均提高 9.12%。由于出厂价格的上涨，使销售额增加 253.97 万元。

（2）该地区拖拉机出厂价格变动的分析。

对价格指数的计算公式进行交换，有：

$$\frac{\sum(\overline{p_1}\sum q_1)}{\sum(\overline{p_0}\sum q_1)} = \sum \frac{\overline{p_1}}{\overline{p_0}} \times \frac{\overline{p_0}\sum q_1}{\sum(\overline{p_0}\sum q_1)}$$

说明价格指数受产品个体价格指数 $\frac{\overline{p_1}}{\overline{p_0}}$ 和销售结构 $\overline{p_0}\sum q_1 / \sum(\overline{p_0}\sum q_1)$ 两个因素的影响。根据表中资料，了解测算和分析该地区拖拉机出厂价格指数中，各主要产品价格的变动和销售结构影响程度，见表 6-13。

表 6-13　各主要产品价格的变动和销售结构影响程度

名称及规格	平均单价（元）		价格指数（%）	涨价率（%）	销售额（万元）		差额（万元）	结构%	涨价构成%
	$\overline{p_0}$	$\overline{p_1}$			$\overline{p_1}\sum q_1$	$\overline{p_0}\sum q_1$			
轮式拖拉机	—	—	109.12	9.12	3038.18	2784.21	253.97	100	9.12
50 马力	11626.29	14053.47	120.88	20.88	552.30	456.91	95.39	16.41	3.43
20 马力	7682.86	8486.09	110.45	10.45	452.31	409.50	42.81	14.71	1.54

【任务实施】

某工厂所属甲乙两企业的单位产品成本和产量资料计算如下：

企业名称	单位成本(元)基期	报告期	产量(人)基期	报告期			
甲企业	50	45	520	600	26000	27000	30000
乙企业	55	52	200	500	11000	26000	27500
合　计	—	—	720	1100	37000	53000	57500

(1)

$$\overline{K_{可}} = \frac{\sum x_1 f_1}{\sum f_1} \Big/ \frac{\sum x_0 f_0}{\sum f_0} = \frac{53000}{1100} \Big/ \frac{37000}{720} = \frac{48.19}{51.39} = 93.77\%$$

$$\frac{\sum x_1 f_1}{\sum f_1} - \frac{\sum x_0 f_0}{\sum f_0} = 48.19 - 51.39 = -3.20(元)$$

$$\overline{K_{固}} = \frac{\sum x_1 f_1}{\sum f_1} \Big/ \frac{\sum x_0 f_1}{\sum f_1} = 48.19 \div \frac{57500}{1100} = \frac{48.19}{52.28} = 92.18\%$$

$$\frac{\sum x_1 f_1}{\sum f_1} - \frac{\sum x_0 f_1}{\sum f_1} = 48.19 - 52.28 = -4.09(元)$$

$$\overline{K_{结}} = \frac{\sum x_0 f_1}{\sum f_1} \Big/ \frac{\sum x_0 f_0}{\sum f_0} = \frac{52.28}{51.39} = 101.73\%$$

$$\frac{\sum x_0 f_1}{\sum f_1} - \frac{\sum x_0 f_0}{\sum f_0} = 52.28 - 51.39 = 0.89(元)$$

(2)

$$\overline{K_{xf}} = \frac{\sum x_1 f_1}{\sum x_0 f_0} = \frac{53000}{37000} = 143.24\%$$

$$\sum x_1 f_1 - \sum x_0 f_0 = 53000 - 37000 = 16000(元)$$

$$\overline{K_x} = \frac{\sum x_1 f_1}{\sum x_0 f_1} = \frac{53000}{57500} = 92.17\%$$

$$\overline{K_f} = \frac{\sum x_0 f_1}{\sum x_0 f_0} = \frac{57500}{37000} = 155.41\%$$

$$\sum x_1 f_1 - \sum x_0 f_1 = 53000 - 57500 = -4500(元)$$

$$\sum x_0 f_1 - \sum x_0 f_0 = 57500 - 37000 = 20500(元)$$

相关链接——因素分析的步骤

> 因素分析是依据指数体系的理论,分析受多因素影响的社会经济现象总变动中,各因素的影响方向和程度的方法。进行因素分析一般有四个步骤:
> (1)分析被研究对象及其影响因素;
> (2)建立指数分析体系;
> (3)收集资料,计算指数体系两个关系式中的各项数值;
> (4)根据计算的结果,作出分析结论和简要的文字说明。

单元小结

● 狭义的指数是指反映总体经济现象中不能直接加总与不能直接对比的多种不同事物在数量上总变动的一种相对数或平均数。

● 综合指数是总指数的一种形式,它是由两个总量指标对比而形成的指数。

● 在计算综合指数时,同度量因素时期选择的一般原则是:数量指标综合指数的同度量因素时期固定在基期,质量指标综合指数的同度量因素时期固定在报告期。

● 指数体系的指数必须满足两个条件:各因素指数的乘积等于总变动指数;各因素指数分子分母差额的总和等于总量指标实际发生的总差额。

● 根据构成指数体系的各指数类型不同,指数体系可分为:个体指数体系、综合指数体系、加权平均指数体系和可变构成指数体系等。

● 平均指标指数分为可变构成指数、固定构成指数和结构影响指数。

复习思考题

一、思考题

1.指数按不同条件划分为哪些种类?

2.综合指数可分为数量指标综合指数和质量指标综合指数两种,它们的编制原则和方法有什么不同?

3.平均指数有哪两种计算方法,怎样确定其相应的权数?

4.什么是指数体系? 研究指数体系的主要目的是什么?

5.什么是因素分析? 如何对现象总体进行因素分析?

二、理论测试题

(一)单选题

1. 销售量增长 5%,价格增长 2%,则销售额增长(　　　)。

A. 7%　　　　　　B. 10%　　　　　　C. 7.1%　　　　　　D. 107.1%

2. 某工厂总生产费用,今年比去年上升了 50%,产量增加了 25%,则单位成本提高(　　　)。

A. 25%　　　　　　B. 2%　　　　　　C. 75%　　　　　　D. 20%

3. 综合指数是(　　　)

A. 两个指标对比的相对数　　　　　　B. 平均数指数的变形应用

C. 编制总指数的唯一形式　　　　　　D. 是总指数的基本形式

4. 如果生活费指数上涨 20%,则现在的 1 元钱(　　　)。

A. 只值原来的 0.8 元　　　　　　B. 是原来的 0.83 元

C. 与原来的 1 元钱相等　　　　　　D. 无法与原来比较

5. 单位产品成本报告期比基期下降 5%,产量增加 5%,在这种条件下生产总费用如何变化(　　　)。

A. 增加　　　　　　B. 减少　　　　　　C. 没变化　　　　　　D. 不能确定

6. 在具有报告期几种产品实际生产费用和这些产品的个体成本指数资料的条件下,要反映产品成本的平均变动,应该采用(　　　)。

A. 可变构成指数　　　　　　B. 加权调和平均数指数

C. 加权算术平均数指　　　　　　D. 个体指数

7. 加权算术平均数指数,要成为综合指数的变形,其权数(　　　)。

A. 必须是 $q_1 p_1$　　　　　　B. 必须是 $q_0 p_0$

C. 必须是 $q_0 p_1$　　　　　　D. 三者都可以

8. 加权调和平均数指数,要成为综合指数的变形,其权数(　　　)。

A. 必须是 $q_1 p_1$　　　　　　B. 必须是 $q_0 p_0$

C. 必须是 $q_0 p_1$　　　　　　D. 三者都可以

9. 某企业上半年完成产值 40 万元,下半年完成产值 44.44 万元,原因是劳动生产率和职工人数分别超额完成(　　　)。

A. 10% 和 4%　　　　　　B. 7.84% 和 2%

C. 10% 和 1%　　　　　　D. 无法得出结果

10. 商品销售量指数中,同度量因素是:(甲)商品销售量;(乙)单位商品价格。产品生产量指数中,同度量因素是:(丙)产品生产量;(丁)单位产品成本(　　　)。

A. 甲丙　　　　　　B. 甲丁　　　　　　C. 乙丙　　　　　　D. 乙丁

(二)多选题

1. 数量指标指数有(　　　)。

A. 单位产品成本指数　　　　　　B. 单位产品原材料消耗额指数

C. 原材料消耗量指数　　　　　　D. 商品销售量指数

2.某市按不变价计算的总产值,今年相当于去年的124%,这是(　　　)。

A. 数量指标指数　　　　　　　　B. 质量指标指数

C. 总指数　　　　　　　　　　　D. 综合指数

3.商品价格指数属于(　　　)。

A. 数量指标综合指数　　　　　　B. 质量指标综合指数

C. 总指数　　　　　　　　　　　D 个体指数

E. 平均指标指数

4.综合指数包括(　　　)。

A. 总指数　　　　　　　　　　　B. 质量指标指数

C. 数量指标指数　　　　　　　　D. 算术平均数指数

E. 调和平均数指数

5.同度量因素的作用(　　　)。

A. 平衡作用　　　　　　　　　　B. 比较作用

C. 权数作用　　　　　　　　　　D. 稳定作用

6.甲地2015年工业总产值(按2010年不变价格计算)为乙地同年按同一不变价格计算的工业总产值的125%,这个指数是(　　　)。

A. 产量指数　　　　　　　　　　B. 静态指数

C. 个体指数　　　　　　　　　　D. 总指数

7.某商店第四季度全部商品销售量为上季度的102%,这是(　　　)。

A. 数量指标指数　　　　　　　　B. 环比指数

C. 综合指数　　　　　　　　　　D. 定基指数

8.利用综合指数组成指数体系进行分析的基本含义是(　　　)。

A. 若干因素指数之和应等于总变动指数

B. 若干因素指数乘积等于总变动指数

C. 若干因指数影响差额的乘积等于实际发生的总额

D. 若干因素指数影响差额的总和等于实际发生的总额

9.按指数包括的范围不同划分的种类有(　　　)。

A. 简单指数　　　　　　　　　　B. 加权指数

C. 总指数　　　　　　　　　　　D. 个体指数

10.以 K 代表个体销售量指数,P 代表价格指数,Q 代表销售量,则销售量总指数的计算公式有(　　　)。

A. $\sum P_1 Q_1 / \sum P_0 Q_0$　　　　　B. $\sum P_1 Q_1 / \sum P_0 Q_1$

C. $\sum P_1 Q_1 / \sum P_1 Q_0$　　　　　D. $\sum K P_0 Q_0 / \sum P_0 Q_0$

(三)判断题

1.算术平均数指数是用综合指数的分母做权数,调和平均数是用综合指数的分子做权数。　　　　　　　　　　　　　　　　　　　　　　　　(　　)

2.平均数指数和平均指标指数不是一样的含义。　　　　　　　　　(　　)

3.如果购买额指数上涨了20%,则现在的2元钱,只值原来的1.8元。(　　)

4. 如果商品价格指数等于 100%,则销售额指数一定等于销售量指数。　　　(　　)

5. 企业人数比去年减少 2%,而全员劳动生产率比去年提高 5%,则企业总产值增长 10%。　　　　　　　　　　　　　　　　　　　　　　　　　　　　　(　　)

6. 若可变构成指数等于 100%,在结构影响指数不变的情况下,则固定结构指数应等于 0。　　　　　　　　　　　　　　　　　　　　　　　　　　　　　　　(　　)

7. 综合指数是从个体指数出发,观察个体指数的变化,而平均数指数是从社会现象的总量出发,观察总量的平均变化。　　　　　　　　　　　　　　　　　　　　(　　)

8. 计算质量指标综合指数时,宜采用基期数量指标为同度量因素;计算数量指标指数时,宜采用报告期质量指标为同度量因素。　　　　　　　　　　　　　　　　(　　)

9. 职工工资水平指数是数量指标指数。　　　　　　　　　　　　　　　　(　　)

10. 指数可以综合反映社会经济现象总体的变动方向和变动程度。　　　(　　)

(四)计算题

1. 已知某商场有三种商品的价格销售量资料见表 6-14。

表 6-14　某商场有三种商品的价格、销售量

商品名称	计量单位	价格(元)		销售量	
		基　期	报告期	基　期	报告期
A	件	24	26	3000	4000
B	双	22	25	4000	5000
C	顶	4	4.5	2000	2400

要求:

(1)每种商品的价格个体指数和销售量个体指数;

(2)三种商品的价格总指数和销售量总指数。

2. 某企业三种产品产量和出厂价格资料见表 6-15。

表 6-15　某企业三种产品产量和出厂价格资料

产品名称	计量单位	产　量		价格(元)	
		基　期	报告期	基　期	报告期
A	台	5000	5500	6200	6800
B	吨	2600	3400	1800	1800
C	套	1830	2160	360	340

要求:

(1)三种产品的产量总指数;

(2)三种产品的价格总指数。

3. 某企业三种产品的产值和产量资料见表 6-16。

表 6-16　某企业三种产品的产值和产量资料

产品名称	单位	实际产值（万元）		报告期产量比基期增减的%
		基期	报告期	
A	件	200	240	+25
B	件	450	485	+10
C	件	350	530	+40

要求：

(1)三种产品的产量总指数；

(2)由于产量增加使企业增加的产值。

4.某商店三种商品销售额的价格指数资料见表 6-17。

表 6-17　某商店三种商品销售额的价格指数资料

商品名称	销售额		价格指数（%）
	基期	报告期	
A	26800	28640	101
B	24000	34800	80
C	27600	22400	120

要求：

(1)销售额总指数、销售价格总指数和销售量总指数；

(2)分析各因素变动对销售额的影响。

5.某工厂生产三种产品的产值及产量变动资料见表 6-18。

表 6-18　某工厂生产三种产品的产值及产量变动资料

产品名称	产品产值（万元）		产量变动率（%）
	基期	报告期	
A	50	65	+2
B	20	20	−5
C	100	120	0

要求：三种产品的产值总指数、产量总指数及价格总指数并进行分析。

6.某企业有关工资资料见表 6-19。

表 6-19　某企业有关工资资料

	工人数（人）		月平均工资（元）	
	基期	报告期	基期	报告期
老工人	210	150	140	165
新工人	90	350	80	95
合计	300	500	122	116

要求：

(1)计算工人人数综合指数、平均工资指数和工资总额综合指数。并分析工资受职工人数和平均工资变动影响的程度和绝对额。

(2)计算平均工资可变构成指数、固定构成指数和结构影响指数。

7.今有某工厂工人人数和工资水平资料见表 6-20。

表 6-20　某工厂工人人数和工资水平资料

工资级别	工资水平(元)		工人人数(人)	
	基　期	报告期	基　期	报告期
1	400	460	200	400
2	500	540	300	380
3	600	680	160	180

要求：

(1)全厂工资总额的变动及因素影响；

(2)全厂总平均工资的变动及因素影响。

Excel 统计功能应用：指数分析

以图 6-1 中数据为例,将三种商品销售量和价格数据资料输入 Excel 表格中,应用 Excel 手工输入公式方法计算商品销售量和商品价格综合指数。具体操作步骤如下：

第一步：将原始数据输入 Excel 文档中,具体内容包括：商品名称、计量单位、销售量、商品价格等信息资料。

第二步：明确指数分析中所需计算过程。即：应用输入公式法先计算 $q_0 p_0$、$q_1 p_1$、$q_1 p_0$ 的函数值,再应用输入公式法计算三种商品的销售量综合指数和商品价格综合指数,相关操作步骤见图 6-1。

图 6-1　操作步骤

单元七　抽样推断

在日常生活中,我们要认识某事物的特征,经常会遇到无法进行全面统计的问题,本单元采用虚拟"人民名义"中的侯亮平到农村体验生活的故事,通过他积极帮助鱼塘估算鱼苗成活率和计算村里老人的平均年龄为主线,说明抽样推断在实践中的作用。通过本单元的学习将会掌握系统的抽样推断理论,并能够将其运用到生活中。

任务一　认识抽样推断

7-1

【任务布置】

最高人民检察院反贪总局侦查处处长侯亮平经常到基层去调研,这回他来到了"幸福村",接待他的是新承包鱼塘的张旺,请求他帮着想办法估算出鱼苗的成活率。原来春天的时候,张旺撒下2万条鲫鱼苗,但鱼苗不能都成活,取决于养殖环境和养殖方法。现在张旺心里没底,想了解一下鱼苗有多少活了下来,可是想不出办法来,侯亮平会想出什么样的办法呢?

【知识准备】

从全国所有股份制企业中,抽取一部分企业,详细调查其生产经营状况,根据这一部分企业的调查资料,来推算所有股份制企业的生产经营状况,这就属于抽样推断。

一、抽样推断认知

(一)抽样推断的概念

抽样推断又称为抽样估计,它是在抽样调查的基础上,利用样本实际资料计算样本指标,并据以推算总体相应数量特征的一种统计调查方式。简单说,就是根据抽样所得的非全面调查资料来推算总体的情况。

(二)抽样推断的特点

抽样推断有以下几个特点:

(1)按随机原则从总体中抽取调查单位。所谓随机原则是指在抽取调查单位时,总体中每个单位都有同等被抽中的机会,完全排除了人为主观意识的影响,哪个单位抽中与否,纯粹是随机的、偶然的。按随机原则抽取调查单位是进行抽样推断的基本要求。

(2)根据被抽取的调查单位,计算各种指标,并对总体的指标作出估计。

(3)抽样推断中的抽样误差可以事先计算并加以控制,从而保证抽样推断的结论符合预定的精确度和可靠度要求。

(三)抽样推断的作用

抽样推断的主要作用有:

(1)对某些不可能进行全面调查而又需要了解全面情况的社会经济现象,可以采用抽样推断方式。另外,对于无限总体也不可能进行全面调查,只能采用抽样推断方式。

(2)对于某些不必要或在经济上不允许经常采用全面调查的社会经济现象,最适宜采用抽样推断方式。

(3)对于需要及时了解情况的现象,也经常采用抽样推断方式。因为全面调查浪费人力、物力和财力,资料也不易及时取得,而抽样推断方式不仅节省人力、资金,且时间快,方式灵活,能够及时满足了解情况的需要。

(4)对全面调查的资料进行评价和修正。全面调查由于范围广、工作量大、参加的人员多,发生登记性误差的可能性较大。因此,为了保证全面调查资料的准确性,检验全面调查资料的质量,在全面调查之后,一般都要进行抽样推断。在总体中再抽取一部分单位重新调查,然后将两次调查的资料进行比较,计算出差错率,并据此对全面调查的资料加以修正。

(5)抽样推断还可以用于工业生产过程中的质量控制。

二、抽样的基本概念

(一)总体和样本

总体又称全及总体。它是根据研究目的,由全部调查单位所组成的集合体。总体的单位数通常都是很大的,甚至是无限的,这样才有必要组织抽样调查,进行抽样推断。总体单位数一般用符号 N 表示。

样本又称子样。它是从总体中随机抽取出来的部分调查单位所组成的集合体。样本的单位数是有限的。样本单位数一般用符号 n 表示,也称样本容量。

对于某一特定研究问题来说,作为推断对象的总体是确定的,而且是唯一的。但由于从一个总体中可以抽取许多个样本,所以作为观察对象的样本,不是唯一的,而是可变的。明白这一点对于理解抽样推断原理是很重要的。

(二)总体指标和样本指标

1.总体指标

总体指标又称参数,它是根据总体各单位的标志表现计算的综合指标。

对于总体中的数量标志,可以计算的总体指标有:总体平均数 $\overline{X}$、总体方差 σ^2 或总体标准差 σ。

设总体变量 X 的取值为: $X_1,X_2,\cdots,X_N$ 则

$$\overline{X}=\frac{\sum X}{N} \text{ 或 } \overline{X}=\frac{\sum XF}{\sum X}$$

$$\sigma^2=\frac{\sum(X-\overline{X})^2}{N} \text{ 或 } \sigma^2=\frac{\sum(X-\overline{X})^2F}{\sum F}$$

对于总体中的品质标志,由于各单位品质标志不能用数量来表示,因此,可以计算的总体指标有:总体成数 $\overline{X_P}$、总体成数方差 σ_P^2 或总体成数标准差 σ_P。

设 P 表示总体中具有某种性质的单位数在总体单位数中所占的比重, Q 表示总体中不具有某种性质的单位数在总体单位数中所占的比重。在总体 N 个单位中,有 N_1 个单位具有某种性质, N_0 个单位不具有某种性质, $N=N_1+N_0$,则

$$P=\frac{N_1}{N},Q=\frac{N_0}{N}=\frac{N-N_1}{N}=1-P$$

如果总体中的品质表现只有"是""非"两种,例如,产品质量的标志表现为合格和不合格,人口性别的标志表现为男性和女性,则可以把"是"的标志表现表示为1,而"非"的标志表现表示为0,那么成数 P 就可以视为 $(0,1)$ 分布的相对数,并可以计算相应的方差(或标准差)。其计算公式为:

$$\overline{X_P}=\frac{\sum XF}{X}=\frac{0\times N_0+1\times N_1}{N_0+N_1}=\frac{N_1}{N}=P$$

$$\sigma_P^2=\frac{(0-P)^2N_0+(1-P)^2N_1}{N_0+N_1}=\frac{P^2N_0+Q^2N_1}{N}=P^2Q+Q^2P=PQ(P+Q)=P(1-P)$$

在抽样推断中,总体指标的意义和计算方法是明确的,但总体指标的具体数值事先是未知的,需要用样本指标来估计它。

2.样本指标

样本指标又称统计量,它是根据样本各单位的标志表现计算的、用来估计总体指标的综合指标。可以计算的样本指标有:样本平均数 $\overline{x}$、样本方差 s^2 和样本成数 p 等。

设样本变量 x 的取值为 $x_1,x_2,\cdots,x_n$,则

$$\overline{x}=\frac{\sum x}{n} \text{ 或 } \overline{x}=\frac{\sum xf}{\sum f}$$

$$s^2=\frac{\sum(x-\overline{x})^2}{n} \text{ 或 } s^2=\frac{\sum(x-\overline{x})^2f}{\sum f}$$

$$\overline{x_p} = \frac{n_1}{n} = p$$

$$s_p^2 = p(1-p)$$

在抽样推断中,样本指标的计算方法是确定的,但它的取值随着样本的不同,有不同的样本变量。所以,样本指标本身是随机变量,用它作为总体指标的估计值,有时误差大些,有时误差小些;有时产生正误差,有时产生负误差。

三、抽样方法

在抽样调查中,从总体中抽取样本单位的方法有两种:重复抽样和不重复抽样。

(一)重复抽样

重复抽样也称重置抽样、放回抽样、回置抽样等。它是指从总体 N 个单位中随机抽取容量为 n 的样本时,每次抽取一个单位,把结果登记下来后,重新放回,再从总体中抽取下一个样本单位。在这种抽样方式中,同一单位可能有被重复抽中的机会。可见,重复抽样的总体单位在各次抽取中都是不变的,每个单位中选的机会在每次抽取中都是均等的。

用重复抽样的方法从总体 N 个单位中抽取 n 个单位组成样本,可能得到的样本总数为 N^n 个。

(二)不重复抽样

不重复抽样也称不重置抽样、不放回抽样、不回置抽样等。它是指从总体 N 个单位中随机抽取容量为 n 的样本时,每次抽取一个单位后,不再放回去,下一次则从剩下的总体单位中继续抽取,如此反复,最终构成一个样本。也就是说,每个总体单位至多只能被抽中一次,所以从总体中每抽取一次,总体就少一个单位。因此,先后抽出来的各个单位被抽中的机会是不相等的。

用不重复抽样的方法从总体 N 个单位中抽取 n 个单位组成样本,可能得到的样本总数为 $A_N^n = \frac{N!}{(N-n)!}$,不考虑顺序的组合数为 $C_N^n = \frac{N!}{(N-n)!\,n!}$。

可见,在相同样本容量的要求下,不重复抽样可能得到的样本个数比重复抽样可能得到的样本个数少。当采用不重复抽样,而全及总体所包含的单位数又不多时,越到后来,留在总体中的单位就越少,被抽中的机会就越大。不过当全及总体单位数很多、样本总体单位数所占的比重很小时,则对先后抽出来的各个单位被抽中的机会影响不大。由于不重复抽样简便易行,所以在实际工作中经常被采用。

【任务实施】

侯亮平一动脑筋,计上心来,对鱼塘里鱼苗成活情况的调查,正是利用抽样调查方法的好时机。他让被雇用的乡亲从鱼塘捉出 400 条鱼并做好特殊标记,再把做好标记的鱼放回到鱼塘。一周后又让乡亲们从鱼塘中捕捉上来 800 条鱼。相亲们不理解,开始埋怨侯亮平乱折腾。侯亮平说:"我这是采用了抽样推断的方法,一周后捕捉的 800 条鱼就相当于整个鱼塘的样本,它是鱼塘中鱼的代表,这叫以小博大。"侯亮平让乡亲们数出 800 条鱼中带标记的有多少条,结果为 30 条。

侯亮平的目的是估算鱼塘中现在总共有多少条鱼,设为未知数 X,第一次被捕捉的 400 条鱼全部被做上标记,并放回鱼塘。此时此刻,鱼塘中有标记的鱼的比例是 $400/X$。第二次被捕捉上来的 800 条鱼可看作一个简单随机样本,其中有标记的鱼的比例是 30/800。这两个比例都是随机样本占总体的比例,结果应该是一样的,所以可以列式为:

$$\frac{400}{X}=\frac{30}{800}$$

计算出:$X=10667$

成活率就是:$\frac{10667}{20000}\times100\%=53\%$

最后侯亮平告诉张旺,投入的 20000 条鱼苗,有 10667 条鱼成活,这个数当然是估计数,张旺把这件事宣传得村里人都为侯亮平竖起了大拇指。

相关链接——抽样推断的理论基础

> 抽样推断是以概率论的基本理论之一的极限定理为基础的,其中的大数定律和中心极限定理为抽样估计提供了主要的数学依据。

任务二　抽样误差计算

【任务布置】

侯亮平离开了鱼塘,一路上调查了解到"幸福村"有 4 个老人,寿命分别为 65 岁、70 岁、75 岁、80 岁,现在需要选出 2 人作为"幸福村"老年人寿命长短的代表,如何选出这两位老人最合理呢?

【知识准备】

无论是全面调查还是抽样调查,在统计调查时所获得的统计数据与调查总体真实客观实际数据之间的差别,称为统计误差。抽样误差是针对抽样调查方式而产生的。

一、抽样误差的含义

在抽样推断中,用样本指标推断总体指标,总会存在一定的误差,其误差来源主要有两个方面:

(一)登记性误差

即在调查和整理资料的过程中,由于主、客观因素的影响而引起的误差,如在登记的过程中由于疏忽而将 3 误写为 8,将 1 误写为 7;在计算合计的过程中所造成的计算错误等。

(二)代表性误差

即由于样本的结构情况不足以代表总体特征而导致的误差。代表性误差的产生又有两种情况:

一种是违反了抽样推断的随机原则,如调查者有意地多选较好的单位或多选较差的单位来进行调查,这样计算出来的样本指标必然出现偏高或偏低的情况,造成系统性误差,也称为偏差。

　　另一种情况是遵守了抽样推断的随机原则,但由于从总体中抽取样本时有多种多样的可能,当取得一个样本时,只要被抽中样本的内部结构与被研究总体的结构有所出入,就会出现或大或小的偶然性的代表性误差,也称为随机误差。

　　系统性误差和登记性误差都是由于抽样工作组织不好而导致的,应该采取预防措施避免发生。而偶然性的代表性误差是无法消除的。抽样误差就是指这种偶然性的代表性误差,即按随机原则抽样时,单纯由于不同的随机样本得出不同的估计量而产生的误差。

　　抽样误差是抽样推断所固有的,虽然它无法避免,但可以运用大数定律的数学公式加以精确地计算,确定其具体的数量界限,并通过抽样设计加以控制。所以,这种抽样误差也称为可控制误差。

二、抽样平均误差

(一)抽样平均误差的含义

　　抽样误差描述了样本指标与总体指标之间的离差绝对数,在用样本指标估计相应的总体指标时,它可以反映估计的准确程度。但是由于抽样误差是随机变量,具有取值的多样性和不确定性特点,因而就不能以它的某一个样本的具体误差数值来代表所有样本与总体之间的平均误差情况,应该用抽样平均误差来反映抽样误差平均水平。

　　所谓抽样平均误差,就是所有可能出现的样本指标(平均数或成数)的标准差,也可以理解为所有的样本指标与总体指标之间的平均离差。我们所说的抽样误差可以事先计算和控制,就是针对抽样平均误差而言的。抽样平均误差是用样本指标推断总体指标时,计算误差范围的基础。

　　抽样平均误差的计算,与抽样方法和抽样组织形式有直接关系,不同的抽样方法和抽样组织形式,其计算抽样平均误差的公式是不同的。

(二)抽样平均误差的计算

　　在实际工作中,只求得一个样本指标,无法得到抽样平均误差(即样本指标的标准差),因而常常是根据抽样平均误差和总体标准差的关系来推算。样本平均数的抽样平均误差计算公式如下:

$$\mu_{\bar{x}} = \sqrt{\frac{(\bar{x} - \overline{X})^2 f}{\sum f}}$$

　　在一般情况下,总体平均数 $\overline{X}$ 是未知的。当样本较多时,可用样本平均数的平均数来代替(这已经得到证明)。而在实际工作中,通常只需从总体中抽取一个样本,这样就可以根据总体标准差和样本单位数的关系来计算。

　　1. 重复抽样条件下抽样平均误差的计算

　　数理统计可以证明:在重复抽样条件下,抽样平均误差与总体标准差成正比,与样本单位数的平方根成反比。故在已知总体标准差的条件下,可用下面的公式计算样本平均数的抽样平均误差:

$$\mu_{\bar{x}} = \frac{\sigma}{\sqrt{n}}$$

在大样本$(n>30)$下,如果没有总体标准差 σ 的资料,可用样本标准差 s 来代替,其计算公式如下:

$$\mu_{\bar{x}} = \frac{s}{\sqrt{n}}$$

相应地,样本成数的抽样平均误差公式为:

$$\mu_p = \sqrt{\frac{P(1-P)}{n}}$$

同样,在大样本下,如果 P 未知,可用样本成数 p 来代替,即

$$\mu_p = \sqrt{\frac{p(1-p)}{n}}$$

总体成数方差还有一个特点,就是它的最大值是 $0.5 \times 0.5 = 0.25$,也就是说,当两类总体单位各占一半时,它的变异程度最大,方差为 25%,标准差则为 50%。因此,在总体成数方差值未知时,可用其最大值来代替,这样会使计算出来的抽样平均误差偏大一些,一般而言,这对推断认识有益而无害。

2. 不重复抽样条件下抽样平均误差的计算

对上述重复抽样下的公式作如下修正:

$$\mu_{\bar{x}} = \sqrt{\frac{\sigma^2}{n}\left(\frac{N-n}{N-1}\right)}$$

不重复抽样的平均误差和重复抽样的平均误差公式,两者相差的因子 $\left(1-\dfrac{n}{N}\right)$ 永远小于 1。在不重复抽样下,抽中的单位不再放回,总体单位数逐渐减少,余下的每个单位被抽中的机会就会增大,所以不重复抽样的抽样平均误差小于重复抽样的抽样平均误差,这就是用因子 $\left(1-\dfrac{n}{N}\right)$ 作为调整系数来修正原式的道理。但在抽中单位占全体单位的比重 $\dfrac{n}{N}$ 很小时,这个因子接近于 1,对于计算抽样平均误差所起的作用不大。因而实际工作中不重复抽样有时仍按重复抽样的公式计算。

抽样平均误差的计算,在抽样调查中占有相当重要的地位。抽样调查的优点在于它能计算出抽样平均误差,且以抽样平均误差作为用样本指标推断总体指标的重要补充指标。

三、影响抽样平均误差的因素

影响抽样平均误差的因素主要有:

1. 样本单位数的多少

在其他条件不变的情况下,样本单位数愈多,抽样误差就愈小;反之,样本单位数愈少,则抽样误差就愈大。样本单位数越大,样本就越能反映总体的数量特征,如果样本单位数扩大到接近总体单位数时,抽样调查也就接近于全面调查,抽样误差就缩小到几乎完全消失的程度。

2. 总体被研究标志的变异程度

在其他条件不变的情况下,总体各单位标志值变异程度愈小,则抽样误差也愈小,抽样误

差和总体变异程度成正比变化。这是因为总体变异程度小,表示总体各单位标志值之间的差异小,则样本指标与总体指标之间的差异也就小。如果总体各单位标志值相等,则标志变异程度等于0,样本指标就完全等于总体指标,抽样误差也就不存在了。

3. 抽样的组织形式和抽样方法

在其他条件不变的情况下,不重复抽样下的样本比重复抽样下的样本代表性强,其抽样误差相应也要小。在不同的抽样组织形式下,抽样误差也不同。

了解影响抽样误差的因素,对于控制和分析抽样误差十分重要。在上述影响抽样误差的三个因素中,标志变异程度是客观存在的因素,是调查者无法控制的,但样本单位数、抽样方法及抽样的组织形式却是调查者能够选择和控制的。因此,在实际工作中,应当根据研究的目的和具体情况,做好抽样设计和实施工作,以获得经济有效的抽样效果。

附资料 7-1

红豆与绿豆

张奶奶有一个祖传秘方,把红豆和绿豆按照一定的比例混合在一起煮,据说可以达到排毒养颜、延年益寿的目的。但是张奶奶上了年纪,一不小心把一大堆红豆和绿豆混合倒入了同一个桶里,却忘记了两种豆子的比例。她就让他的孙子小明帮她想办法算出两种豆各有多少颗。

小明灵机一动,他把桶里的豆子摇匀,随意抓了一把,数了数,有20颗红豆和30颗绿豆。假设这桶豆子中红豆和绿豆的比例和小明所抓出的这把豆子中红豆、绿豆数量之比相同,并且红豆和绿豆的每一颗的质量相同。那么,这桶豆子中大概有40%的红豆。这桶豆子共有10斤,红豆4斤,绿豆6斤。然后李奶奶就可以根据秘方中的比例调整两种豆子的分量。

红豆和绿豆的例子生动地说明了"简单随机抽样"是怎么回事。样本和总体的关键联系是"比例":桶里的豆子和抓出来的豆子比例是一样的。

【任务实施】

被选出的两位老人寿命相当于"幸福村"老人寿命的样本,村里老人寿命的抽样平均误差分为重复抽样和不重复抽样两种情况。四位老人的平均寿命为72.5岁,不重复抽样的误差小于重复抽样的误差,因此,要采用不重复抽样的方法来选出两位老人。计算过程如下:

$$\overline{X} = \frac{\sum X}{N} = \frac{65 + 70 + 75 + 80}{4} = 72.5(岁)$$

$$\sigma = \sqrt{\frac{\left(\sum X - \overline{X}\right)^2}{N}}$$

$$= \sqrt{\frac{(65-72.5)^2 + (70-72.5)^2 + (75-72.5)^2 + (80-72.5)^2}{4}}$$

$$= 5.59(岁)$$

重复抽样时:$\mu_{\overline{x}} = \frac{\sigma}{\sqrt{n}} = \frac{5.59}{\sqrt{2}} = 3.95$

不重复抽样时:$\mu_{\overline{x}} = \sqrt{\frac{\sigma^2}{n}\left(\frac{N-n}{N-1}\right)} = \sqrt{\frac{5.59^2}{2}\left(\frac{4-2}{4-1}\right)} = 3.23$

相关链接——抽样的组织形式

在实际抽样调查中,根据研究对象的特点不同、调查的条件不同,所采用的抽样组织形式也是不同的。通常采用的抽样调查组织形式包括简单随机抽样、类型抽样、等距抽样、整群抽样。

单元小结

●抽样推断又称为抽样估计,它是在抽样调查的基础上,利用样本实际资料计算样本指标,并据以推算总体相应数量特征的一种统计调查方式。

●总体又称全及总体。它是根据研究目的,由全部调查单位所组成的集合体。

●样本又称子样。它是从总体中随机抽取出来的部分调查单位所组成的集合体。样本的单位数是有限的。

●总体指标又称参数。它是根据总体各单位的标志表现计算的综合指标。

●在抽样调查中,从总体中抽取样本单位的方法有两种:重复抽样和不重复抽样。

●在抽样推断中,用样本指标推断总体指标,总会存在一定的误差,其误差来源主要有两个方面,分别是登记性误差和代表性误差。

复习思考题

一、思考题

1. 抽样推断有哪些特点?

2. 抽样推断的作用有哪些?

3. 引起抽样误差的原因有哪些?

4. 系统性误差和登记性误差在进行预防时,有什么差别?

5. 影响抽样平均误差的因素有哪些?

二、理论测试题

(一)单选题

1. (　　)是所有可能出现的样本指标的标准差,也可以理解为所有的样本指标与总体指标之间的平均离差。

A. 抽样误差　　　　　　　　　　　　B. 重复误差

C. 抽样平均误差　　　　　　　　　　D. 随机误差

2. 对于某些不必要或在经济上不允许经常采用全面调查的社会经济现象,最适宜采用

（　　　）统计方式。

　A. 抽样推断　　　　　　　　　　　　B. 普查

　C. 分析研究　　　　　　　　　　　　D. 制订方案

3. 全面调查由于范围广、工作量大、参加的人员多，发生（　　　）的可能性就大。

　A. 计算性误差　　　　　　　　　　　B. 抽样误差

　C. 登记性误差　　　　　　　　　　　D. 平均抽样误差

4.（　　　）的总体单位在各次抽取中都是不变的，每个单位中选的机会在每次抽取中都是均等的。

　A. 不重置抽样　　　　　　　　　　　B. 不回置抽样

　C. 不重复抽样　　　　　　　　　　　D. 重复抽样

5. 在其他条件不变的情况下，不重复抽样下的样本比重复抽样下的样本代表性（　　　），其抽样误差相应也要（　　　）。

　A. 强，大　　　　　　　　　　　　　B. 强，小

　C. 弱，大　　　　　　　　　　　　　D. 弱，小

（二）多选题

1. 在抽样调查中，从总体中抽取样本单位的方法有（　　　）。

　A. 随机抽样　　　　　　　　　　　　B. 简单抽样

　C. 不重复抽样　　　　　　　　　　　D. 重复抽样

2. 重复抽样通常也被称为（　　　）。

　A. 重置抽样　　　　　　　　　　　　B. 放回抽样

　C. 复杂抽样　　　　　　　　　　　　D. 回置抽样

3. 在抽样推断中，用样本指标推断总体指标存在的误差来源主要有（　　　）。

　A. 登记性误差　　　　　　　　　　　B. 代表性误差

　C. 抽样误差　　　　　　　　　　　　D. 计算性误差

4. 影响抽样平均误差的因素主要有（　　　）。

　A. 样本单位数的多少　　　　　　　　B. 总体被研究标志的变异程度

　C. 抽样的组织形式　　　　　　　　　D. 抽样的方法

5. 抽样调查组织形式包括（　　　）。

　A. 简单随机抽样　　　　　　　　　　B. 重复抽样

　C. 等距抽样　　　　　　　　　　　　D. 整群抽样

（三）判断题

1. 抽样推断概括性说，就是根据抽样所得的非全面调查资料来推算总体的情况。（　　　）

2. 抽样推断中的抽样误差是客观存在的，不能进行事先控制。（　　　）

3. 总体指标是根据总体各单位的标志表现计算的综合指标。（　　　）

4. 系统性误差和登记性误差都是由于抽样工作组织不好而导致的，可以采取预防措施来避免发生。（　　　）

5. 在重复抽样条件下，抽样平均误差与总体标准差成反比，与样本单位数的平方根成正比。（　　　）

第四编 统计分析

单元八 相关与回归分析

知识目标

- 了解相关关系的含义和特点。
- 熟悉相关关系的类别划分标志。
- 了解相关分析的含义和主要内容。
- 熟悉回归分析的含义和主要内容。
- 掌握相关系数的计算。
- 掌握一元线性回归方程的计算。

能力目标

- 能够用正确理论和方法判定现象之间的相关关系。
- 能够判断出相关分析和回归分析。
- 能够用相关系数指标测定现象之间的相关关系。
- 能够用一元线性回归模型分析预测事物。

单元描述

相关与回归分析是研究现象的相互关系,测定它们联系的密切程度,揭示其变化的具体形式和规律性的统计方法,是构造各种经济模型,进行经济分析、政策评价、预测和控制的重要工具。

任务一 相关关系认知

8-1

【任务布置】

众所周知,姚明身高 2 米 26,她的妻子叶莉身高 1 米 90,由于广大球迷对姚明的喜爱,姚明女儿的身高成为了广大网友关注的对象。而姚明女儿的身高与姚明和叶莉的身高有没有关系,能否预测出姚明女儿到底能长多高呢?

【知识准备】

　　某公司要做产品促销活动,决定将某款产品降价促销,公司应该将价格降到多少才能吸引消费者呢? 这个问题的解决就是先找到产品价格与消费者数量之间的相关关系。

一、相关关系的含义

　　宇宙中任何现象都不是孤立存在的,而是普遍联系和相互制约的。这种现象间的相互联系、相互制约的关系即为相关关系。

　　相关关系因其依存程度的不同而表现出相关程度的差别。有些现象间存在着严格的数据依存关系,比如,在价格不变的条件下销售额量之间的关系,圆的面积与半径之间的关系等,均具有显著的一一对应关系。这些关系可由数学中的函数关系来确切地描述,因而也可以认为是一种完全相关关系。有些现象间的依存关系则没有那么严格。当一种现象的数量发生变化时,另一种现象的数量却在一定的范围内发生变化,比如身高与体重的关系就是如此。一般来说,身高越高,体重越重,但二者之间的关系并非严格意义上的对应关系,身高 1.75 米的人,对应的体重会有多个数值,因为影响体重的因素不只身高而已,它还会受遗传、饮食习惯等因素的制约和影响。社会经济现象中大多存在这种非确定的相关关系。

　　在统计学中,这些在社会经济现象之间普遍存在的数量依存关系,都称为相关关系。

二、相关关系的特点

1. 现象之间确实存在数量上的依存关系

　　如果一个现象发生数量上的变化,则另一个现象也会发生数量上的变化。在相互依存的两个变量中,可以根据研究目的,把其中的一个变量确定为自变量,把另一个对应变量确定为因变量。例如,把身高作为自变量,则体重就是因变量。

2. 现象之间数量上的关系是不确定的

　　相关关系的全称是统计相关关系,它属于变量之间的一种不完全确定的关系。这意味着一个变量虽然受另一个(或一组)变量的影响,却并不由这一个(或一组)变量完全确定。例如,前面提到的身高和体重之间的关系就是这样一种关系。

三、相关关系的种类

　　现象之间的相互关系很复杂,它们涉及的变动因素多少不同,作用方向不同,表现出来的形态也不同。相关关系大体有以下几种分类:

1. 正相关与负相关

　　按相关关系的方向分,可分为正相关和负相关。当两个因素(或变量)的变动方向相同时,即自变量 x 值增加(或减少),因变量 y 值也相应地增加(或减少),这样的关系就是正相关。如家庭消费支出随收入增加而增加就属于正相关。如果两个因素(或变量)变动的方向相反,即自变量 x 值增大(或减小),因变量 y 值随之减小(或增大),则称为负相关。如商品流通费用率随商品经营的规模增大而逐渐降低就属于负相关。

2. 单相关与复相关

　　按自变量的多少分,可分为单相关和复相关。单相关是指两个变量之间的相关关系,即所研究的问题只涉及一个自变量和一个因变量,如职工的生活水平与工资之间的关系就是单相关。复相关是指三个或三个以上变量之间的相关关系,即所研究的问题涉及若干个自变量与一个因变量,如同时研究成本、市场供求状况、消费倾向对利润的影响时,这几个因素之间的关系是复相关。

3.线性相关与非线性相关

按相关关系的表现形态分,可分为线性相关与非线性相关。线性相关是指在两个变量之间,当自变量 x 值发生变动时,因变量 y 值发生大致均等的变动,在相关图的分布上,近似地表现为直线形式。比如,商品销售额与销售量即为线性相关。非线性相关是指在两个变量之间,当自变量 x 值发生变动时,因变量 y 值发生不均等的变动,在相关图的分布上,表现为抛物线、双曲线、指数曲线等非直线形式。比如,从人的生命全过程来看,年龄与医疗费支出呈非线性相关。

4.完全相关、不完全相关与不相关

按相关程度分,可分为完全相关、不完全相关和不相关。完全相关是指两个变量之间具有完全确定的关系,即因变量 y 值完全随自变量 x 值的变动而变动,它在相关图上表现为所有的观察点都落在同一条直线上,这时,相关关系就转化为函数关系。不相关是指两个变量之间不存在相关关系,即两个变量变动彼此互不影响。自变量 x 值变动时,因变量 y 值不随之作相应变动。比如,家庭收入多少与孩子多少之间不存在相关关系。不完全相关是指介于完全相关和不相关之间的一种相关关系。比如,农作物产量与播种面积之间的关系。不完全相关关系是统计研究的主要对象。

【任务实施】

在统计学中,姚明女儿的身高与姚明和叶莉的身高之间存在着遗传关系,而这种遗传关系就是相关关系的一种具体表现,同时根据医学专家给出的身高公式,姚明女儿的身高=(父亲身高+母亲身高-13cm)/2(数值上下波动7cm)。如此算来,姚明女儿的身高预测值在1.945~2.085米之间。遗传学家也表示身高的70%和遗传有关,但还受到其他因素的影响。

相关链接——真实相关和虚假相关

两个变量之间的相关确实具有内在的联系时,称之为真实相关。两个变量之间的相关只是表面存在,实质上并没有内在的联系时,称之为虚假相关。

任务二　相关分析与回归分析

【任务布置】

通过本任务内容的学习,根据表8-1中月收入与消费支出的数值,计算出两者的相关系数,并通过相关系数的大小说明月收入与消费支出的关系。

表 8-1　　月收入与消费支出

编　号	月收入 x(百元)	消费支出 y(百元)
1	15	12
2	18	15
3	20	18
4	25	20
5	30	28
6	40	36
7	62	42
8	75	53
9	88	60
10	92	65
合　计	465	349

【知识准备】

由于现象之间的相关关系有的表现为直线型,有的表现为曲线型,为了找到现象之间的关系,进而揭示出规律性,需要运用相关分析和回归分析。

一、相关分析

(一)相关分析的含义

相关分析是指对客观现象的相互依存关系进行分析、研究,这种分析方法叫相关分析法。相关分析的目的在于研究相互关系的密切程度及其变化规律,以便作出判断,进行必要的预测和控制。

(二)相关分析的主要内容

1. 确定现象之间有无相关关系

这是相关与回归分析的起点,只有存在相互依存关系,才有必要进行进一步的分析。

2. 确定相关关系的密切程度和方向

确定相关关系密切程度主要是通过绘制相关图表和计算相关系数。只有对达到一定密切程度的相关关系,才可配合具有一定意义的回归方程。

3. 确定相关关系的数学表达式

为确定现象之间变化上的一般关系,我们必须使用函数关系的数学公式作为相关关系的数学表达式。如果现象之间表现为直线相关,我们可采用配合直线方程的方法;如果现象之间表现为曲线相关,我们可采用配合曲线方程的方法。

4. 确定因变量估计值误差程度

使用配合直线或曲线的方法可以找到现象之间一般的变化关系,也就是自变量 x 变化时,因变量 y 将会发生多大的变化。根据得出的直线方程或曲线方程,我们可以给出自变量的若干数值,求得因变量的若干个估计值。估计值与实际值是有出入的,确定因变量估计值误差大小的指标是估计标准误差。估计标准误差大,表明估计不太精确;估计标准误差小,表明估计较精确。

（三）相关关系的测定

相关分析的主要方法有相关表、相关图和相关系数三种。

1.相关表

在统计中,制作相关表或相关图,可以直观地判断现象之间大致存在的相关关系的方向、形式和密切程度。

在对现象总体中两种相关变量作相关分析,以研究其相互依存关系时,如果将实际调查取得的一系列成对变量值的资料顺序地排列在一张表格上,这张表格就是相关表。相关表仍然是统计表的一种。根据资料是否分组,相关表可以分为简单相关表和分组相关表。

（1）简单相关表。

简单相关表是资料未经分组的相关表,它是把自变量按从小到大的顺序并配合因变量一一对应平行排列起来的统计表。

【例 8-1】　为研究分析产量(x)与单位产品成本(y)之间的关系,从 30 个同类型企业调查得到的原始资料并将产量按从小到大的顺序排列,可编制简单相关表,结果如表 8-2 所示。

表 8-2　产量和单位产品成本原始资料

产量(件)	20	20	20	20	20	20	20	20	20	30	30	30	30	30	40
单位产品成本(元)	15	16	16	16	16	18	18	18	18	15	15	16	16	16	14
产量(件)	40	40	40	40	50	50	50	50	50	50	60	60	60	60	60
单位产品成本(元)	15	15	15	16	14	14	14	15	15	16	14	14	14	14	15

从表 8-2 中可以看出,随着产量的提高,单位产品成本却有相应降低的趋势,尽管在同样产量的情况下,单位产品成本存在差异,但是两者之间仍然存在一定的依存关系。

（2）分组相关表。

在大量观察的情况下,原始资料很多,运用简单相关表表示就很难使用。这时就要将原始资料进行分组,然后编制相关表,这种相关表称为分组相关表。分组相关表包括单变量分组相关表和双变量分组相关表两种。

①单变量分组相关表。在原始资料很多时,对自变量数值进行分组,而对应的因变量不分组,只计算其平均值,根据资料具体情况,自变量可以是单项式,也可以是组距式。

【例 8-2】　以例 8-1 原始资料为例,将同类型 30 个企业的产量(x)与单位产品成本(y)原始资料,按产量分组编制单变量分组相关表,结果见表 8-3。

表 8-3　产量和单位产品成本简单相关表

产量 x(件)	企业数 n(个)	单位产品成本 y(元)
20	9	16.8
30	5	15.6
40	5	15.0
50	6	14.8
60	5	14.2

从表 8-3 中可以较明显地看出二者之间存在正相关关系。

②双变量分组相关表。对两种有关变量都进行分组,交叉排列,并列出两种变量各组间的共同次数,这种统计表称为双变量分组相关表。这种表格形似棋盘,故又称棋盘式相关表。

【例 8-3】 仍以例 8-1 原始资料为例,将同类型 30 个企业的产量(x)与单位产品成本(y)原始资料,编制双变量分组相关表,结果见表 8-4。

表 8-4　产量和单位产品成本双变量分组相关表

单位产品成本(元)y	产量 x(件)					合　计
	20	30	40	50	60	
18	4	—	—	—	—	4
16	4	3	1	1	—	9
15	1	2	3	3	1	10
14	—	—	1	2	4	7
合　计	9	5	5	6	5	30

从表 8-4 看出,产量集中在左上角到右下角的对角斜线上,表明产量与单位产品成本是负相关关系。

制作双变量分组相关表,须注意自变量为纵栏标题,按变量值从小到大自左向右排列,因变量为横行标题,按变量值从大到小自上而下排列。这样做的目的是将相关表与相关图结合起来,便于一致性判断相关关系的性质。

2. 相关图

相关图又称散点图,它是以直角坐标系的横轴代表自变量 x,纵轴代表因变量 y,将两个变量间相对应的变量值用坐标点的形式描绘出来,用来反映两变量之间相关关系的图形。

相关图可以按未经分组的原始资料来编制,也可以按分组的资料,包括按单变量分组相关表和双变量分组相关表来编制。通过相关图将会发现,当 y 对 x 是函数关系时,所有的相关点都会分布在某一条线上;在相关关系的情况下,由于其他因素的影响,这些点并非处在一条线上,但所有相关点的分布也会显示出某种趋势。所以,相关图会很直观地显示现象之间相关的方向和密切程度。

【例 8-4】 以例 8-1 原始资料中编制的产量与单位产品成本单变量分组相关表为例,绘制相关图,结果见图 8-1。

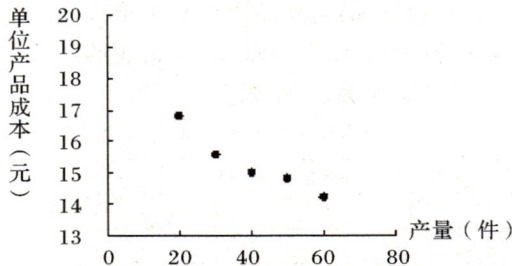

图 8-1　产量和单位产品成本相关图

从图 8-1 中可以看出,单位产品成本随着产量增加而降低,并且散布点的分布近似地表现为一条直线。由此可以判断产量与单位产品成本两个变量之间存在着直线负相关关系。

　3.相关系数

　相关表和相关图大体说明变量之间有无关系,但它们的相关关系的紧密程度却无法表达,因此,需运用数学解析方法,构建一个恰当的数学模型来显示相关关系及其密切程度。对现象之间的相关关系的紧密程度做出确切的数量说明,就需要计算相关系数。

　(1)相关系数的计算。

　相关系数是在直线相关条件下,说明两个现象之间关系密切程度的统计分析指标,记为γ。相关系数的计算公式为:

$$\gamma = \frac{\sigma_{xy}^2}{\sigma_x \sigma_y} = \frac{\frac{1}{n}\sum(x-\bar{x})\sum(y-\bar{y})}{\sqrt{\frac{1}{n}\sum(x-\bar{x})^2}\sqrt{\frac{1}{n}\sum(y-\bar{y})^2}}$$

式中　n——资料项数;

　　　$\bar{x}$——x变量的算术平均数;

　　　$\bar{y}$——y变量的算术平均数;

　　　σ_x——x变量的标准差;

　　　σ_y——y变量的标准差;

　　　σ_{xy}——xy变量的协方差。

　在实际问题中,如果根据原始资料计算相关系数,可运用相关系数的简洁法计算,其计算公式为:

$$\gamma = \frac{n\sum xy - \sum x\sum y}{\sqrt{n\sum x^2 - \left(\sum x\right)^2}\sqrt{n\sum y^2 - \left(\sum y\right)^2}}$$

　(2)相关系数的分析。

　明晰相关系数的性质是进行相关系数分析的前提。现将相关系数的性质总结如下:

　①相关系数的数值范围,是在-1和$+1$之间,即$-1 \leqslant \gamma \leqslant 1$。

　②当$\gamma > 0$时,表示x与y为正相关;当$\gamma < 0$时,x与y为负相关。

　③相关系数γ的绝对值越接近于1,表示相关关系越强;越接近于0,表示相关关系越弱。如果$|\gamma| = 1$,则表示两个现象完全直线相关。如果$|\gamma| = 0$,则表示两个现象完全不相关(不是直线相关)。

　④相关系数γ的绝对值在0.3以下是无直线相关,0.3以上是有直线相关,0.3~0.5是低度直线相关,0.5~0.8是显著相关,0.8以上是高度相关。

二、回归分析

(一)回归分析的含义

　就一般意义而言,相关分析包括回归和相关两方面内容,因为回归与相关都是研究两变量相互关系的分析方法。但就具体方法而言,回归分析和相关分析是有明显差别的。

　回归分析建立的数学表达式称为回归方程(或回归模型)。回归方程为线性方程的,称为线性回归;回归方程为非线性方程的,称为非线性回归。两个变量之间的回归称为一元回归

(简单回归);三个或三个以上变量之间的回归称为多元回归。本部分内容只介绍一元线性回归,即简单线性回归分析方法。

(二)回归分析的主要内容

1.建立相关关系的回归方程

利用回归分析方法,配合一个表明变量之间数量上相关的方程式,而且根据自变量 x 的变动,来预测因变量 y 的变动。

2.测定因变量的估计值与实际值的误差程度

通过计算估计标准误差指标,可以反映因变量估计值的准确程度,从而将误差控制在一定范围内。

(三)回归分析的特点

回归分析与相关分析比较具有以下特点:

(1)在相关分析中,各变量都是随机变量;而回归分析中,因变量是随机变量,自变量不是随机的,而是给定的数值。

(2)在相关分析中,各变量之间是对等关系,调换变量的位置,不影响计算的结果;而在回归分析中,自变量与因变量之间不是对等的关系,调换其位置,将得到不同的回归方程。因此,在进行回归分析时,必须根据研究目的,先确定哪一个是自变量,哪一个是因变量。

(3)相关分析计算的相关系数是一个绝对值在 0 与 1 之间的抽象系数,其数值的大小反映变量之间相关关系的程度;而回归分析建立的回归方程反映的是变量之间的具体变动关系,不是抽象的系数。根据回归方程,利用自变量的给定值可以估计或推算出因变量的数值。

(四)一元线性回归方程的拟合

回归分析中,最简单、最基本的形式就是一元线性回归,也就是通常所说的配合直线方程式的问题。若通过观察或实验,得到 n 对数据 $(x_1,y_1),(x_2,y_2),\cdots,(x_n,y_n)$ 的相关图上的散布点接近分布在一条直线上,就可以认为变量 x 与 y 之间存在着线性关系,可设经验公式为:

$$\hat{y}=a+bx$$

式中:a 与 b 为待定参数,也就是需要根据实际资料求解的数值,a 为直线的截距;b 为直线的斜率,也称回归系数,表示自变量 x 每变动一个单位时,因变量 y 的平均变动量。a、b 值确定了直线的位置,a、b 一旦确定,这条直线就被唯一确定了。但用于描述这 n 组数据的直线有许多条,究竟用哪条直线来代表两个变量之间的关系,需要一个明确的原则。我们希望选择距离各散布点最近的一条直线来代表 x 与 y 之间的关系,以便更好地反映变量之间的关系。根据这一思想确定未知参数 a、b 的方法,称为最小二乘法,也就是通过使得 $Q=\sum(y-\hat{y})^2=\sum(y-a-bx)^2$ 为最小值来确定 a、b 的方法。可见,用最小二乘法得到的直线与所有数据 (x_i,y_i) 的离差平方和为最小。

要使 Q 为最小值,就要用数学中对二元函数求极值的原理,求 Q 关于 a 和 b 的偏导数,并令其等于 0,整理得出直线回归方程中求解参数 a、b 的标准方程组为:

$$\begin{cases} \sum y = na + b\sum x \\ \sum xy = a\sum x + b\sum x^2 \end{cases}$$

解方程组得

$$b=\frac{\sum(x-\overline{x})(y-\overline{y})}{\sum(x-\overline{x})^2}=\frac{n\sum xy-\sum x\sum y}{n\sum x^2-\left(\sum x\right)^2}$$

$$a=\frac{\sum y-b\sum x}{n}$$

【例 8-5】　根据表 8-1 中的数据,求某社区居民家庭月收入水平(x)与消费支出(y)的回归直线方程。

根据后面**【任务实施】**中表 8-6 中的计算结果,得

$$b=\frac{10\times21429-465\times349}{10\times29751-465^2}=0.6398$$

$$a=\frac{349}{10}-0.6398\times\frac{465}{10}=5.1493$$

将 a 和 b 代入回归方程式得

$$\hat{y}=5.1493+0.6398x$$

式中:$\hat{y}$ 代表消费支出;x 代表家庭月收入。回归系数 $b=0.6398$,表示家庭月收入每提高 1 个单位(百元),消费支出平均增加 0.6398 个单位(百元)。$a=5.1493$,代表即使月收入为 0 的情况下,消费支出也需要 5.1493(百元)。另外,利用直线方程可以进行消费支出的预测。如某家庭月收入为 150(百元),在其他条件相对稳定时,可以预测其消费支出为:

$$\hat{y}=5.1493+0.6398\times150=101.1193(百元)=10111.93(元)$$

(五)估计标准误差

1.估计标准误差的意义

回归方程的一个重要作用在于根据自变量的已知值推算因变量的可能值 $\hat{y}$,这个可能值或称估计值、理论值、平均值,它和真正的实际值 y 可能一致,也可能不一致,因而就产生了估计值的代表性问题。当 $\hat{y}$ 值与 y 值一致时,表明推断准确;当 $\hat{y}$ 值与 y 值不一致时,表明推断不够准确。显而易见,将一系列 $\hat{y}$ 值与 y 值加以比较,可以发现其中存在着一系列离差,有的是正差,有的是负差,还有的为零。而回归方程的代表性如何,一般是通过计算估计标准误差指标来加以检验的。估计标准误差指标是用来说明回归方程代表性大小的统计分析指标,也简称为估计标准差或估计标准误差,其计算原理与标准差基本相同。估计标准误差说明理论值(回归直线)的代表性。若估计标准误差小,说明回归方程准确性高,代表性大;反之,估计不够准确,代表性小。

2.估计标准误差的计算

估计标准误差,是指因变量实际值与理论值离差的平均数。其计算公式为:

$$S_{yx}=\sqrt{\frac{\sum(y-\hat{y})^2}{n-2}}$$

式中　S_{yx}——估计标准差,其下标 yx 代表 y 依 x 而回归的方程;

　　　$\hat{y}$——根据回归方程推算出来的因变量的估计值;

　　　y——因变量的实际值;

　　　n——数据的项数。

估计标准误差的简化计算公式为：

$$S_{yx} = \sqrt{\frac{\sum y^2 - a \sum y - b \sum xy}{n-2}}$$

【例 8-6】　根据后面【任务实施】中表 8-6 的资料，计算估计标准误差。

$$S_{yx} = \sqrt{\frac{\sum y^2 - a \sum y - b \sum xy}{n-2}} = \sqrt{\frac{15571 - 5.1493 \times 349 - 0.6398 \times 21429}{10-2}} = 2.82（元）$$

3. 估计标准误差与相关系数的关系

估计标准误差与相关系数在数量上具有如下的关系：

$$\gamma = \sqrt{1 - \frac{S_{yx}^2}{\sigma_y^2}}$$

$$S_{yx} = \sigma_y \sqrt{1 - \gamma^2}$$

式中　γ——相关系数；

　　　σ_y——因变量数列的标准差；

　　　S_{yx}——估计标准误差。

从上面的计算公式中可以看出 γ 和 S_{yx} 的变化方向是相反的。当 γ 越大时，S_{yx} 越小，这时相关密切程度较高，回归直线的代表性较大；当 γ 越小时，S_{yx} 越大，这时相关密切程度较低，回归直线的代表性较小。

附资料 8-1

消费金额与小费金额的关系分析

随着人们生活水平的提高和生活节奏的加快，越来越多的人们开始习惯于到各大酒店和饭店去消费。而餐饮业的服务员最关心的就是有没有大方的客户在接受服务后会给小费，小费的金额大小与什么有关。今天我们一起来通过一项调查，看一下消费金额和小费金额的关系。某酒店从若干名消费者中随机抽取了 10 名消费者进行调查，得到数据如表 8-5 所示，为更直观的展示，绘制的散点关系见图 8-2。

表 8-5　消费金额与小费金额关系调查表　　　　　　　　　　单位：元

序　号	消费金额	小费金额	序　号	消费金额	小费金额
1	33.5	5.5	6	107.3	16.0
2	50.7	5.0	7	120.7	18.6
3	87.9	8.1	8	78.5	9.4
4	98.8	17.0	9	102.3	15.4
5	63.6	12.0	10	140.6	22.5

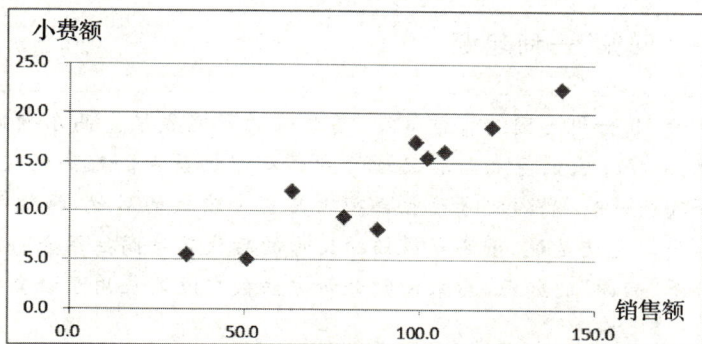

图 8-2　消费额与小费额散点关系图

通过观察散点图,可以看出消费金额与小费金额存在着线性正相关,同时还可以利用我们学习的内容计算出消费金额与小费金额的相关系数,进一步进行相关分析。

【任务实施】

居民家庭月收入与消费支出的相关系数计算见表 8-6。

表 8-6　居民家庭月收入与消费支出的相关关系

编　号	月收入 x （百元）	消费支出 y （百元）	x^2	y^2	xy
1	15	12	225	144	180
2	18	15	324	225	270
3	20	18	400	324	360
4	25	20	625	400	500
5	30	28	900	784	840
6	40	36	1600	1296	1440
7	62	42	3844	1764	2604
8	75	53	5625	2809	3975
9	88	60	7744	3600	5280
10	92	65	8464	4225	5980
合　计	465	349	29751	15571	21429

$$\gamma = \frac{10 \times 21429 - 465 \times 349}{\sqrt{10 \times 29751 - 465^2} \times \sqrt{10 \times 15571 - 349^2}} = 0.99$$

计算出的相关系数 $\gamma > 0$ 时,表示月收入与消费支出为正相关,同时 0.99 非常接近于 1,表示相关关系非常强,同时又在 0.8 以上,属于高度相关。通过计算可以看出,月收入与月消费支出高度相关,收入决定支出。

相关链接——"回归"一词起源

"回归"一词源于19世纪英国统计学家F.高尔顿的研究成果。高尔顿比较了父母及其后代的身高后发现：成年子女的身高与其父母的身高有密切关系。较高的父母其子女较高，较矮的父母其子女较矮；但很高的父母往往会有比其自身较矮的后代，很矮的父母往往会有比其自身较高的后代。也就是说，很高或很矮的父母的后代其身高往往会"回归"到父母总体的平均身高。这就是"回归"的起源，后来回归分析方法被广泛地应用于社会经济生活的各个方面。

单元小结

●宇宙中任何现象都不是孤立存在的，而是普遍联系和相互制约的。这种现象间的相互联系、相互制约的关系即为相关关系。

●相关分析是指对客观现象的相互依存关系进行分析、研究，这种分析方法叫相关分析法。

●相关分析的主要方法有相关表、相关图和相关系数三种。

●回归分析建立的数学表达式称为回归方程(或回归模型)。

●回归方程为线性方程的，称为线性回归；回归方程为非线性方程的，称为非线性回归。

●回归分析中，最简单、最基本的形式就是一元线性回归，也就是通常所说的配合直线方程式的问题。

复习思考题

一、思考题

1. 相关关系有哪些特点？

2. 相关关系共有几种分类方法？

3. 相关分析与回归分析有何联系与区别？

4. 相关分析的主要方法有哪些？

5. 回归分析中为什么要区分自变量 x 和自变量 y？

二、理论测试题

(一)单选题

1. 相关关系按自变量的多少分，可分为(　　　)。

A. 线性相关与非线性相关　　　　　　　　B. 单相关和复相关

C.完全相关、不完全相关与不相关　　　　D.正相关与负相关

2.相关关系按表现形态可以分为（　　　　）。

A.完全相关、不完全相关与不相关　　　　B.单相关和复相关

C.线性相关与非线性相关　　　　D.正相关与负相关

3.相关图又称（　　　　），它是以直角坐标系的横轴代表自变量 x，纵轴代表因变量 y。

A.直线图　　　　B.曲线图

C.双曲线图　　　　D.散点图

4.（　　　　）指标是用来说明回归方程代表性大小的统计分析指标。

A.数量　　　　B.估计标准误差

C.质量　　　　D.指数

5.相关分析计算的相关系数是一个绝对值在（　　　　）之间的抽象系数，其数值的大小反映变量之间相关关系的程度。

A.0 与 1　　　　B.0 与 10

C.1 与 2　　　　D.1 与 10

（二）多选题

1.相关关系的种类有（　　　　）。

A.正相关　　　　B.负相关

C.线性相关　　　　D.非线性相关

2.非线性相关在相关图的分布上，可以表现为（　　　　）等形式。

A.双曲线　　　　B.指数曲线

C.直线　　　　D.抛物线

3.确定相关关系密切程度主要是通过（　　　　）。

A.绘制相关图表　　　　B.仔细观察

C.相关咨询　　　　D.计算相关系数

4.相关分析的主要方法有（　　　　）。

A.相关表　　　　B.相关系数

C.分组资料　　　　D.相关图

5.回归方程的一个重要作用在于根据自变量的已知值推算因变量的可能值 $\hat{y}$，这个可能值或称（　　　　）。

A.假设值　　　　B.理论值

C.平均值　　　　D.估计值

（三）判断题

1.相关关系按相关程度分为正相关和负相关。　　　　（　　　　）

2.相关表是统计表的一种，根据统计资料是否分组，相关表可以分为简单相关表和分组相关表。　　　　（　　　　）

3.回归方程为线性方程的，称为线性回归；回归方程为非线性方程的，称为非线性回归。　　　　（　　　　）

4.回归分析中各变量都是随机变量。　　　　（　　　　）

5.在回归分析中各变量之间是对等关系,调换变量的位置,不影响计算的结果。　　（　　　）

Excel统计功能应用：相关与回归分析

如何应用 Excel 对所要研究的数据进行相关分析,然后再进行回归分析。

具体操作步骤如下：

第一步,应用 Excel 绘制相关图,仍采用"插入"选项中"图表"功能,一般绘制相关图应选择"图表类型"中的"散点图"。

第二步,应用 Excel 计算相关系数。

第一种方法,应用 Excel 中"相关系数"函数功能计算相关系数,并加以分析。具体操作方法是：采用"插入"菜单中"函数"选项里的"CORREL"（相关系数）函数计算功能。

第二种方法,应用 Excel"数据分析"工具计算相关系数,加以分析。具体操作方法是：采用"工具"菜单"数据分析"选项里"相关系数"功能。

第三步,应用 Excel 的分析工具对已知数据进行回归分析。

首先,选择"工具"下拉菜单中"数据分析"选项;然后,在分析工具中选择"回归",然后选择"确定"。

参考文献

[1]李梦觉,龚曙明.统计学原理[M].北京:中国水利水电出版社,2015.

[2]单永娟,何琳.统计学概论[M].北京:中国铁道出版社,2012.

[3]道恩·格里菲思.深入浅出统计学[M].李芳,译.北京:电子工业出版社,2012.

[4]梁前德.基础统计[M].5版.北京:高等教育出版社,2014.

[5]贾俊平,何晓群,金勇进.统计学[M].4版.北京:中国人民大学出版社,2011.

[6]李洁明,祁新娥.统计学原理[M].5版.上海:复旦大学出版社,2010.

[7]李金昌.统计思想研究[M].北京:中国统计出版社,2009.

[8]林洪,罗良清.现代统计学[M].北京:经济管理出版社,1996.

[9]游士兵.统计学[M].2版.上海:上海财经大学出版社,2009.

[10]王涛,张恩英.统计学[M].北京:科学出版社,2010.

[11]谢启南,韩兆洲.统计学原理[M].6版.广州:暨南大学出版社,2006.

[12]徐国祥.统计学[M].上海:上海人民出版社,2007.

[13]许涤龙,邹新月.统计学[M].长沙:中南大学出版社,2004.

[14]刘柏霞,朱筠.新编统计学原理习题集[M].沈阳:东北大学出版社,2009.

[15]季丽,许春燕.统计学原理[M].长春:吉林科学技术出版社,1998.

[16]褚可邑.统计理论与方法[M].北京:中国统计出版社,1998.

[17]王建丽,张渭育.统计学[M].北京:清华大学出版社,2010.